Réenchanter le monde

La valeur esprit contre le populisme industriel

Bernard Stiegler
et
Ars Industrialis
Marc Crépon, Georges Collins,
Catherine Perret et Caroline Stiegler

Réenchanter le monde

La valeur esprit contre le populisme industriel

Champs essais

Des mêmes auteurs

Marc Crépon,
- (avec B. Stiegler), *De la démocratie participative.*
- *Altérités de l'Europe.*
- *Langues sans demeure.*
- *Terreur et poésie.*
- *Nietzsche, l'art et la politique de l'avenir.*
- *L'imposture du choc des civilisations.*
- *Les géographies de l'esprit.*

Catherine Perret, *Les Porteurs d'ombre. Mimésis et modernité.*
- *Walter Benjamin.*

Bernard Stiegler,
- *Prendre soin. De la jeunesse et des générations.*
- *La Télécratie contre la démocratie. Lettre ouverte aux représentants politiques.*
- *L'attente de l'inattendu.*
- *Des pieds et des mains.*
- *Mécréance et discrédit 3. L'esprit perdu du capitalisme.*
- *Mécréance et discrédit 2. Les sociétés incontrôlables d'individus désaffectés.*
- *Mécréance et discrédit 1. La décadence des démocraties industrielles.*
- *Constituer l'Europe 1. Dans un monde sans vergogne.*
- *Constituer l'Europe 2. Le motif européen.*
- *De la misère symbolique 1. L'époque hyperindustrielle.*
- *De la misère symbolique 2. La* catastrophè *du sensible.*
- *Aimer, s'aimer, nous aimer : du 11 septembre au 21 avril.*
- *Passer à l'acte*
- *La Technique et le Temps 3. Le temps du cinéma et la question du mal-être.*
- *Échographies de la télévision* (avec Jacques Derrida).
- *La Technique et le Temps 2. La désorientation.*
- *La Technique et le Temps 1. La faute d'Épiméthée.*

© Flammarion, 2006.
Le Manifeste de l'association Ars Industrialis *et la Motion du sommet de Tunis sont tous deux en licence libre.*
ISBN : 978-2-0812-1784-3

À la mémoire de Simon Nora.

À Laurence Parisot.

Les normes concrètes, les valeurs et les modes de vie caractéristiques des hommes vivant au sein du capitalisme industriel sont moins le produit de la culture de classe industrielle (au sens où l'entendait Marx) qu'un *reliquat* de traditions *pré*-capitalistes, *pré*-industrielles. En ce sens, la « culture du capitalisme » est moins une création autonome qu'une phase *tardive* de la société par « États », « modernisée », « consommée », et donc transformée et dirigée dans le système du capitalisme industriel. Le « désenchantement » ne porte donc jamais sur cette culture même. Il reste un désenchantement des styles de vie et des formes de liens traditionnels, *non* modernes, qui sont ce qu'il s'agit de désenchanter mais ne cessent de se régénérer, de se maintenir, et alimentent donc éternellement le désenchantement dans son inextinguible accomplissement.

[...] C'est vrai de l'évolution jusque dans les années cinquante ; mais *cela n'est plus vrai de l'évolution postérieure.*

Ulrich Beck

Introduction

Que faire ?

Paul Valéry, pressentant la catastrophe où menait le nazisme, constatait dès 1939 une « baisse de la valeur esprit ». Aurait-il pu imaginer dans quel état de déchéance *généralisée* tomberait l'humanité après lui en quelques décennies – là où *nous* en sommes ?

Même en 1993, lorsque Jacques Derrida et moi-même nous entretenions de l'avenir possible de la télévision, nous n'avions pas pu imaginer une seconde ce qui devait conduire, peu d'années après cet entretien[1], à ce qui se présente désormais comme ce qu'il faut appeler la *télévision pulsionnelle* – celle où la téléréalité se constitue comme l'*ob-scène* de la « pulsion scopique » qui est à l'origine des diverses formes de voyeurisme et d'exhibitionnisme que la plupart des programmateurs des chaînes de télévision, sans la moindre vergogne, sollicitent désormais systématiquement.

Entre 1939 – où seulement 45 % des Français écoutent la radio, où la télévision n'existe pas encore – et

---

1. Jacques Derrida et Bernard Stiegler, *Échographies. De la télévision,* Galilée, 1996.

notre début du XXIᵉ siècle – où les objets communicants poursuivent les temps de cerveaux disponibles où qu'ils aillent, du lever au coucher – s'est imposé un capitalisme que l'on dit tantôt « culturel », tantôt « cognitif », mais qui est avant tout l'organisation ravageuse d'un *populisme industriel* tirant parti de toutes les évolutions technologiques pour faire de la conscience, c'est-à-dire du siège de l'esprit, un simple organe réflexe : un cerveau rabattu au rang d'ensemble de neurones, tels ceux qui contrôlent le comportement des limaces. Un tel cerveau *dépouillé de sa conscience*[1] est ce qui peut devenir

---

1. Ce que j'appelle ici « conscience » n'est pas une vapeur qui viendrait s'ajouter au cerveau comme un halo de sainteté, ou comme une *aura*, pour lui apporter un supplément d'âme tombé on ne sait d'où (c'est en revanche ce qui advient à l'âme platonicienne : elle tombe du ciel, littéralement, et emplit le corps – et donc le cerveau qui n'en est qu'une partie – de ce que Platon appelle des « idées »).

La « conscience », qui est la *partie accessible à la connaissance* des projections que fait l'appareil psychique par l'intermédiaire de cet organe qu'est le cerveau, et qui émerge de l'inconscient, lui-même enraciné dans l'ensemble du corps, suppose que *l'appareil psychique humain se distribue, se dissémine, se représente et se délègue dans un ensemble de prothèses et d'appareils techniques* qui supportent ce que j'ai appelé ailleurs les rétentions tertiaires, et dont font partie ces entités qu'après Platon, et avec Foucault, nous (c'est-à-dire *Ars Industrialis*), nous nommons ci-dessous (p. 20-21 et 31) les *hypomnémata*.

Le cerveau n'est qu'*un appareil dans ce circuit d'appareils* où *l'appareil psychique* se lie du même coup au social, à ses organisations, à ses *appareils sociaux*, et où les *pulsions* sont par là même trans-formées en *désir*. Autrement dit, penser ce qu'est la conscience, c'est penser le rapport du cerveau aux appareils, mais aussi aux corps, c'est à dire, *à travers cet ensemble*, à l'inconscient, et dans la mesure où ce circuit est ce qui inscrit le psychique dans le social à travers les techniques, c'est aussi penser comment la vie psychique est immédiatement prise dans un processus de sublima-

une simple valeur marchande (qui ne cesse cependant de baisser, qui vaut de moins en moins cher – et qui ne vaudra bientôt *plus rien*) sur le marché des audiences.

Par l'intermédiaire des objets temporels audiovisuels qui alimentent les industries de programmes, et qui s'écoulent en même temps que s'écoule le temps des consciences dont ils sont les objets, les épousant intimement, *au point de les phagocyter et de les vider* de toute *conscience* en tant que ces *cerveaux* qu'elles sont aussi, le XXe siècle aura été marqué par le développement systématique de *technologies de contrôle* (de ces temps de cerveau dont le contrôle détruit la conscience).

Si Walter Benjamin et Sigmund Freud, contemporains de Paul Valéry, pressentirent très tôt qu'avec les technologies industrielles de communication commençait une nouvelle histoire de la conscience et de son inconscient, facteurs de ce que Valéry appelle donc l'esprit, et facteurs de sa valeur, ils ne virent pas clairement que se mettait ainsi au cœur même de l'activité industrielle *une nouvelle organisation du capitalisme autour de la figure du consommateur* qui devait constituer *une forme très particulière d'économie libidinale*, c'est-à-dire de canalisation des désirs : ils étaient surtout préoccupés de la montée des diverses formes de fascismes et de totalitarismes qui préparaient la ruine de l'Europe. Benjamin, en particulier, parlant de l'esthétisation totalitaire de la politique, ne voyait pas que se mettait *également* en place l'esthétisation de l'économie à travers les

---

tion (de trans-formation) qui fait que *le concept de conscience est irréductiblement moral* (y compris lorsqu'on décide de le considérer d'un point de vue a-moral).

technologies de contrôle et de fabrication du consommateur.

*

Cet épisode de l'histoire de l'économie libidinale, c'est-à-dire *de l'organisation et de la production du désir*, mais qui deviendrait, en détruisant la conscience, une *destruction du désir*, c'est un chapitre de ce que Max Weber a décrit beaucoup plus généralement comme le désenchantement du monde caractéristique du capitalisme.

Or, au cours de l'été 2005, le Medef a réuni son « université » sous ce titre (qui est aussi une sorte de slogan) : *Le réenchantement du monde*. Cette formule, qui ne doit rien au hasard, avait pour objectif de promouvoir les thèses de la direction du Medef (qui était alors en train de changer) sur le capitalisme cognitif et les industries de la connaissance (et Denis Kessler, en présentant cette université d'été, se référa en ce sens à Tony Blair, lorsque celui-ci avait proposé de réorienter les fonds de la Politique agricole commune vers la recherche et le développement dans le domaine des technologies cognitives, la Grande-Bretagne présidant alors l'Union européenne).

Cependant, réenchanter le monde par les technologies de la connaissance, c'est nécessairement *revisiter le rôle de l'esprit* dans l'organisation de l'économie, et les causes évidemment néfastes de la baisse de sa valeur annoncée par Valéry précisément comme effet majeur du désenchantement.

On verra dans les pages qui suivent que là où Ernest-Antoine Seillière, dans l'année qui précède cette université d'été qu'il aura lui-même voulue juste avant de quitter la direction du Medef, tient des propos, dans la préface d'un ouvrage devenu célèbre depuis (*Les Dirigeants face au changement*), très proches de ceux de Denis Kessler sur le capitalisme à venir, et comme économie de la connaissance, il introduit *justement* le texte où Patrick Le Lay explique que, comme producteur et vendeur de temps de cerveau disponible, il organise à un niveau de déchéance tel que Paul Valéry n'aurait même pas pu l'imaginer la *baisse* de la « valeur esprit », c'est-à-dire, précisément, le désenchantement du monde – et, pour le dire dans des termes plus clairs, le *règne de la bêtise* [1].

Le *réenchantement du monde* que le Medef aura dit se donner comme projet pour un avenir du capitalisme en 2005 est-il, au sein du monde économique, un *sursaut de la valeur esprit contre le populisme industriel* ? Ou bien est-ce *au contraire* le projet de *créer les conditions d'une production industrielle de connaissances sans esprit*, comme on tente désormais de *produire du cerveau sans conscience*, imposant du même geste ce règne de la bêtise ?

Mais qu'est-ce alors que l'esprit, si des connaissances sont possibles *sans* esprit, c'est-à-dire sans *élévation* de l'esprit, et sans *augmentation* de sa valeur ? Et qu'est-ce donc que la connaissance dans un tel contexte, et une

---

1. Pour une description de ce « règne de la bêtise », cf. B. Stiegler, *Mécréance et discrédit 2. Les sociétés incontrôlables d'individus désaffectés*, Galilée, 2006.

connaissance sans esprit est-elle *raisonnablement* possible ?

Le présent ouvrage, qui prend le Medef au mot, et qui lui propose de réenchanter le monde avec la valeur esprit, par son *augmentation*, et contre le populisme industriel, illustre les questions qui animent *Ars Industrialis*, association internationale pour une politique industrielle des technologies de l'esprit.

*

Nous savons que, dans les décennies qui viennent, la Terre et ses habitants, les êtres humains, devront *faire preuve comme jamais* – individuellement et collectivement – de l'intelligence du monde et du sens des responsabilités qui, en principe, les définissent comme êtres humains plutôt que comme limaces ubuesques.

L'humanité est confrontée à d'innombrables défis, dont nous craignons que, s'ils n'étaient pas relevés, ils ne conduisent à transformer les êtres humains en ces êtres *inhumains* (et non seulement « posthumains ») que sentait déjà venir Alfred Jarry. Et nous savons que, face à ces défis, il n'y a pas d'autre issue possible que la formation et la culture d'une nouvelle conscience humaine. Récemment, Laurence Toubiana, directrice de l'Institut du développement durable, déclarait que

> le changement nécessaire est tellement profond qu'on se dit qu'il est inimaginable [1].

---

[1]. Laurence Toubiana, entretien avec Laure Noualhat, *Libération*, 29 mai 2006.

Et Robert Lyon, annonçant « l'âge du moins » – moins de ressources, moins de marges de manœuvre, moins de confiance, moins d'espoir (sinon le désespoir) –, écrivait de son côté que la communauté humaine planétaire « ne s'en sortira » que si elle sait

> se situer du côté de l'être plutôt que de l'avoir[1].

L'humanité ne survivra, autrement dit, que si elle sait dépasser l'âge de la consommation. C'est là le programme d'une nouvelle croissance, qualitative, et contre l'idée d'une décroissance, ne serait-ce que parce que

> nous ne survivrons pas si, au-delà des mers et des sables, des milliards d'êtres humains s'abîment dans les pénuries, les disettes et la précarité.

La croissance qualitative, c'est la croissance qui ne repose pas sur le « toujours plus », mais sur le « toujours mieux », et, qualitativement, avec moins – c'est-à-dire, aussi, par une meilleure redistribution, en particulier entre le Nord et le Sud. Affronter ces défis, ce serait, selon Robert Lyon, entrer dans l'âge d'une nouvelle modernité.

Nous *savons* que nous n'avons pas le choix si nous voulons survivre, disent donc Laurence Toubiana et Robert Lyon avec tant d'autres[2] – et malgré les dénégations de lobbies irresponsables, ou d'hommes et de

---

1. « Faire mieux avec moins », *Le Monde*, 7 juillet 2006.
2. Parmi lesquels de nombreux économistes, scientifiques, prix Nobel ou non, prospectivistes, etc. – la dernière initiative en date étant une lettre adressée au secrétaire général de l'ONU à l'initiative de Thierry Gaudin. C'est aussi ce qui constitue – en 1986 – l'horizon de *La Société du risque. Sur la voie d'une autre modernité*, d'Ulrich Beck, Champs-Flammarion, 2001.

femmes politiques peu scrupuleux, ou dont l'intelligence du monde est elle-même limitée[1]. Et nous savons que de telles évolutions ne pourront se faire pacifiquement qu'à la condition d'élever le niveau de conscience individuel et collectif, et, par là, de former une volonté politique digne de ce nom : une volonté des peuples. Nous savons également qu'une nouvelle guerre mondiale serait désormais fatale à toute survie des êtres humains.

Or, nous savons tout aussi certainement que le *temps de la conscience*, qui est celui de l'intelligence, de la volonté et de l'action, de la lucidité et de la responsabilité, est ce que les industries de programmes tendent à systématiquement remplacer par *le temps des audiences grégaires, des cerveaux sans conscience et des systèmes nerveux transformés en systèmes réflexes, c'est-à-dire pulsionnels*, en vue des les rendre disponibles à toutes les sollicitations du marketing qui renforcent systématiquement des comportements dont nous savons pourtant qu'ils sont devenus à terme mortellement toxiques pour les êtres humains.

Nous savons *donc à la fois* :

1. qu'un *changement* n'est possible qu'à la condition d'*élever* le niveau de l'intelligence,

2. que la régression mentale, l'avilissement moral qui l'accompagne, et l'anesthésie de l'intelligence *et donc de la volonté* qui traduit l'intelligence en actes, sont

---

[1]. Je pense évidemment à G. W. Bush, que la dure réalité des catastrophes météorologiques à La Nouvelle-Orléans et la baisse de sa popularité ont cependant conduit à admettre un problème climatique induit par un modèle de développement industriel insoutenable.

désormais ce qui *gouverne* le monde hyperindustriel – et, pour une très large part, le discours de ceux qui, prétendant aux fonctions gouvernementales, *s'adaptent à cet état de fait au lieu de le combattre.*

Nous sommes donc obligés de conclure qu'il faut changer radicalement et sans délai cet état de fait, et lui opposer un nouvel état de droit : un droit tel qu'il empêche que se poursuive la « baisse de la valeur esprit » *qui est devenue le principe même du capitalisme* reposant sur l'augmentation illimitée, aveugle et suicidaire de la consommation.

Nous, les humains du début du XXIe siècle, nous savons qu'il nous faut devenir plus lucides, plus spirituels et plus responsables que jamais, et nous savons en même temps que jamais l'humanité n'a été aussi aveuglée, abrutie et irresponsable. Nous le savons parce que nous constatons que presque toute la vie sociale est désormais contrôlée par l'industrie des temps de cerveaux disponibles qui détruit la conscience individuelle et collective.

Seule une *lutte contre la bêtise* imposée par le contrôle des temps de cerveau disponible, c'est-à-dire par le populisme industriel, constitue une véritable possibilité de « réenchanter le monde » : de le rendre *désirable*[1], et par là de rendre à la raison son sens premier de *motif* de vivre (c'est le sens qu'elle a pour Aristote en tant que *logos* du *noûs*, qui est ce que Valéry appelle l'esprit) : la raison comme *sens* de l'existence (et en cela comme *sens de l'orientation*).

---

1. Sur la question du désir, cf. aussi *La Télécratie contre la démocratie. Lettre ouverte aux représentants politiques*, Flammarion, 2006.

*

Le *réenchantement du monde* que le Medef a donné comme objet de réflexion aux participants de son université d'été en 2005 est manifestement une référence à Max Weber, et à son analyse du désenchantement comme opération par laquelle le capitalisme s'impose au monde.

Mais c'est précisément aussi une référence à ce que Weber appelait l'*esprit* du capitalisme [1] : le capitalisme, selon Weber, déclenche le processus du désenchantement depuis le coup d'un *enchantement*, en l'occurrence l'esprit religieux nouveau qui est à l'origine du capitalisme sous les noms de *protestantisme*, *réforme* ou *luthérianisme* – eux-mêmes procédant en large part de l'apparition d'une « techno-logie » de l'esprit : l'imprimerie, ouvrant l'accès aux livres *pour tous* (et en particulier pour tous les fidèles), ce qui sera aussi l'origine de la république des lettres et finalement de la démocratie moderne et industrielle.

Le désenchantement, qui vient donc lui-même d'un réenchantement (que prônait Luther), c'est, paradoxalement, *ce qui détruit l'esprit qu'était cet enchantement*, pour y substituer un *nouvel esprit*, par l'organisation d'une *nouvelle forme de l'esprit*, ce que Weber appelle la *rationalisation*, entendue comme *généralisation des techniques de la comptabilité* à toutes les activités humaines, ce qui n'est pas seulement une

---

[1]. Max Weber, *L'Éthique protestante et l'esprit du capitalisme*, Champs-Flammarion, 2000.

nouvelle forme de l'esprit, mais aussi une *nouvelle définition de la raison* (comme *ratio*, c'est-à-dire comme *simple calcul*) : celle-là même qui, selon Valéry, conduit à la *baisse* de la valeur esprit (mais aussi à ce que Habermas, après Lukács, Adorno et Horkheimer, caractérise comme un processus de *réification* de la raison).

Or, il semble bien qu'à *notre* époque, le niveau *extrêmement bas* atteint par cette baisse de la valeur esprit, que décrit donc Weber trente-quatre ans avant Valéry comme rationalisation et désenchantement, constitue une *limite extrême* qui nécessite un *rebond*, et ce que j'ai moi-même appelé un *sursaut*[1] : l'invention d'un *nouvel esprit du capitalisme* [2].

C'est pourquoi j'ai soutenu dans *Mécréance et discrédit 2. Les sociétés incontrôlables d'individus désaffectés*[3] que le choix de ce thème par le Medef ne pouvait advenir qu'au moment où *le processus de désenchantement, décrit par Weber il y a exactement un siècle, atteint son terme dans la mesure où il a conduit à la baisse tendancielle du désir*, qui constitue pourtant, comme énergie libidinale, la *principale énergie de la société capitaliste*, laquelle se trouve désormais *contrainte d'exploiter les pulsions* – exploitation éminemment dangereuse et proprement *explosive*.

---

1. *Mécréance et discrédit 1. La décadence des démocraties industrielles*, Galilée, 2004, p. 54-55, 134-136, 169.

2. Qui reste à venir, contrairement à ce que prétendent Luc Boltanski et Ève Chiapello dans *Le Nouvel Esprit du capitalisme*, Gallimard, 1999 : c'est ce que j'ai tenté de montrer dans *Mécréance et discrédit 3. L'esprit perdu du capitalisme*, Galilée, 2006, p. 27.

3. *Op. cit.*, p. 17.

J'ai également soutenu, pour cette raison, que le capitalisme *ne survivra* que s'il sait en effet susciter un *nouvel* esprit du capitalisme. Mais cela suppose que le capitalisme sache lutter contre ce qui, *en lui-même*, *sécrète* le populisme industriel. C'est pourquoi il faut en effet que le capitalisme (qui n'a pas à ce jour d'alternative crédible) œuvre pour l'augmentation de la valeur esprit et contre la déchéance que constitue le populisme industriel qui le « tire par le bas ».

Que la télévision soit devenue *massivement* pulsionnelle depuis le 11 septembre 2001 ne doit rien au hasard. Et nous savons depuis que les conséquences géopolitiques mondiales de ce déchaînement industriel des pulsions pourraient s'avérer, et à court terme, absolument tragiques pour l'humanité tout entière.

C'est contre ce règne désormais mondial du populisme industriel, qui n'a rien d'une fatalité, c'est contre les innombrables formes de populisme politique, de fanatisme divers et de régression en tous genres, et qui en sont les conséquences, c'est comme affirmation de la nécessité et de la possibilité d'inventer un nouveau modèle industriel, qui mette l'augmentation de la valeur esprit au *centre* de son économie libidinale, c'est autrement dit comme *relance du désir contre l'organisation pulsionnelle du capitalisme* qu'avec Georges Collins, Marc Crépon, Catherine Perret et Caroline Stiegler, j'ai fondé l'association *Ars Industrialis*.

La radio, la télévision, les ordinateurs, le réseau internet sont de nouvelles formes d'« instruments spirituels », comme Mallarmé le disait du livre. En tant que tels, ils relèvent de ces *hypomnémata* – techniques de la mémoire et de la communication – qui, dans l'Antiquité grecque, puis dans l'Antiquité romaine, supportaient la vie de l'esprit, c'est-à-dire ce que Michel Foucault appelle « l'écriture de soi », condition du « gouvernement de soi et des autres », mais qui furent *aussi* les techniques de manipulation et de contrôle de l'opinion par l'intermédiaire desquelles les sophistes tentaient de *transformer la connaissance en instrument de pouvoir* – ce contre quoi la philosophie s'éleva, et ce *combat* fut aussi sa naissance même.

Aujourd'hui, *la philosophie doit mener un nouveau combat*, et avec elle, ce qui est venu d'elle : les sciences en général, et les sciences humaines en particulier – et plus généralement, les mondes de la connaissance, de l'esprit et de l'intelligence individuelle et collective.

C'est pour mener cette lutte que l'association *Ars Industrialis* a été créée : pour trouver les nouvelles armes philosophiques nécessaires à ce combat politique, et pour inventer les actions politiques qu'elles permettent de mener.

*

Dans *Ars Industrialis*, nous pensons que l'esprit, qui suppose *toujours* des techniques ou des technologies de l'esprit, des « instruments spirituels », est une modalité de ce que nous appelons, après le philosophe Gilbert Simondon, *l'individuation psychique et collective*. L'individuation est le processus par lequel se constituent et ne cessent de se transformer les individus et, avec eux, les sociétés qu'ils forment – et en cela, l'individuation psychique et collective est *la façon dont une société fait corps, s'unit*, en même temps qu'elle hérite d'une expérience du passé, ce que l'on appelle souvent la connaissance, mais aussi, et plus largement, les savoirs.

Les savoirs sont le trésor légué par ceux qui sont morts, et à partir de quoi le corps social peut faire corps, c'est-à-dire projeter et désirer un avenir – mais aux conditions de ce qui permet la transmission effective de ces savoirs aussi bien que leur élaboration : les techniques et technologies de l'esprit, qui permettent autant l'élévation de l'esprit, et l'augmentation de sa valeur, que sa destruction par l'organisation de la baisse tendancielle de cette valeur.

La définition des conditions dans lesquelles une technologie de l'esprit peut aboutir à une élévation de l'esprit, plutôt qu'à sa régression, c'est à la fois l'affaire de la politique et l'affaire de l'économie : c'est une affaire d'*économie politique*. Mais dans le contexte actuel, cette économie politique est une affaire *de vie ou de mort de l'humanité*. On ne saurait autrement dit la laisser entre les mains des actionnaires qui imposent au capitalisme industriel des critères de développement conformes à leurs intérêts immédiats, mais *incompatibles* avec la survie des êtres humains. Et ici, *il faut que l'opinion publique aide le capitalisme industriel contre le capitalisme financier*, qui est le véritable commanditaire du populisme industriel.

Nous, les membres d'*Ars Industrialis*, nous pensons qu'une politique doit être capable de prôner une économie industrielle de l'esprit, sans se substituer à l'initiative économique, mais en lui fournissant le cadre de règles sociales et d'investissements publics cristallisant une volonté politique *et spirituelle*, c'est-à-dire élevant le niveau de l'intelligence individuelle et collective, et ce, en agissant par l'intermédiaire d'une *nouvelle forme de puissance publique elle-même appuyée sur une nouvelle forme de volonté politique.*

Avant d'envisager la création d'une association, nous souhaitions organiser à plusieurs un séminaire : celui qui se tient au Collège international de philosophie depuis l'automne 2005, et qui a précisément pour titre *Trouver de nouvelles armes*[1] – ce qui est une référence à un propos de Gilles Deleuze[2]. L'idée en était venue au cours d'un colloque que Georges Collins et moi-même avions organisé à Cerisy, *La lutte pour l'organisation du sensible*, au mois d'avril 2004, et où nous avions invité Catherine Perret. Puis Marc Crépon se joignit à nous pour proposer ce séminaire au Collège international de philosophie.

Durant cette même période, j'avais publié *Mécréance et Discrédit 1. La décadence des démocraties industrielles.* Cet ouvrage déclencha de nombreuses invitations à donner des conférences, en France et à l'étranger. Le public y était nombreux, et après chacune des discussions qui suivaient ma communication, la même question revenait : « Et maintenant que nous tombons d'accord sur un diagnostic, *que faire*, et *comment* le faire ? »

Cette question me fut une nouvelle fois posée au mois de janvier 2005, à Berlin, dans la salle du théâtre de la Schaubühne. Et cette fois-ci, je répondis que j'allais créer une association. Je donnai même la date : le

---

1. On en trouvera les séances soit résumées soit téléchargeables en MP3 sur le site d'*Ars Industrialis*, www.arsindustrialis.org
2. Deleuze parlait de *chercher* de nouvelles armes.

15 avril 2005. Pourquoi cette date ? À la fois parce qu'il me fallait fixer une échéance, pour m'obliger à concrétiser mon engagement, et parce qu'il fallait s'associer, pensai-je, avant le 29 mai, jour du référendum sur la Constitution européenne, pour *ouvrir de nouvelles perspectives au projet européen.*

Il le fallait d'abord entre Georges Collins, Marc Crépon, Catherine Perret, Caroline et moi parce que, si nous partagions *grosso modo* les mêmes analyses sur ce qu'il fallait penser de ce projet de Constitution, nous n'avions pas les mêmes points de vue sur les conséquences qu'il fallait en tirer quant à la réponse à donner au référendum.

À mon retour de Berlin, je proposai à mes amis de créer ce qui allait devenir *Ars Industrialis*, dont le site internet fut ouvert le 15 avril 2005, et dont la première séance plénière eut lieu le 18 juin au théâtre national de la Colline, qui accueille depuis lors toutes nos réunions publiques – et c'est une aide précieuse pour laquelle nous ne manquons jamais l'occasion d'exprimer notre reconnaissance à Alain Françon, Alain Herzog et toute leur équipe.

Le 18 juin, nous présentâmes et discutâmes le Manifeste qui constitue aujourd'hui le socle de notre action : le lecteur du présent ouvrage le trouvera reproduit dans les pages qui suivent. Puis nous organisâmes d'autres réunions publiques, sur les technologies cognitives en tant que composantes de ce que nous appelons les technologies de l'esprit[1], sur les

---

1. Cf. www.arsindustrialis.org/activites/cr/5nov2005

enjeux du sommet mondial de la société de l'information à Tunis en novembre 2005, sur la souffrance psychique provoquée par l'organisation de plus en plus addictive de la consommation [1], et sur les enjeux de la télévision et la possibilité de mener en ce domaine une tout autre politique [2].

Les deux chapitres qui suivent le Manifeste, « Refonder la société » et « Contre le règne de l'ignorance », sont des reformulations et des approfondissements des communications que j'ai présentées au cours des deux premières séances de travail (après la séance inaugurale). L'ouvrage se conclut par la publication du texte complet d'une motion que nous avions adoptée quelques jours avant le sommet de Tunis, et dont le quotidien *Libération* publia des extraits.

En même temps que paraît *Réenchanter le monde*, qui propose de développer et de mettre en perspective l'appareil conceptuel qui s'est élaboré durant ces séances au théâtre national de la Colline (elles reprendront en octobre 2006 sur les thèmes d'une nouvelle forme de puissance publique et de la nécessité de réorganiser de fond en comble l'instruction et l'éducation), je publie, dans *La Télécratie contre la démocratie. Lettre ouverte aux représentants politiques*, des propositions d'actions que je formule en mon propre nom, et comme contribution aux débats à venir d'*Ars Industrialis* dans un contexte de campagne électorale.

---

1. Cf. www.arsindustrialis.org/activites/groupesdetravail/souffrance etconsommation, téléchargeable en podcasting.
2. Cf. www.arsindustrialis.org/activites/cr/politiqueettelevision, téléchargeable en podcasting.

La France est sur le point de prendre une décision politique singulièrement importante, et je souhaite que nos idées s'inscrivent dans le débat qui en résulte. Il y va du rôle que la France et l'Europe peuvent et doivent jouer pour œuvrer à la survie des êtres humains.

Manifeste d'Ars Industrialis

Association internationale pour une politique industrielle de l'esprit
www.arsindustrialis.org

1. Notre époque est menacée, dans le monde entier, par le fait que la « *vie de l'esprit* », pour parler avec des mots de Hannah Arendt[1], a été entièrement soumise aux impératifs de l'économie de marché et aux impératifs de retours sur investissement des entreprises qui promeuvent les technologies de ce que l'on appelle les industries culturelles, les industries de programmes, les médias, les télécommunications, et enfin les technologies du savoir, ou technologies cognitives. Tous ces secteurs, étant donné l'expansion de la numérisation, tendent à s'intégrer, ce que l'on a décrit voici une dizaine d'années comme la convergence de l'audiovisuel, des télécommunications et de l'informatique.

Nous appelons cet ensemble le secteur des technologies de l'esprit (malgré la surcharge métaphysique et théologique qui pèse sur ce mot, « esprit », que nous entendons aussi au sens anglais de *mind*).

---

1. Hannah Arendt, *La Vie de l'esprit*, PUF, 1992.

Et si le processus d'intégration en quoi consiste la convergence a jusqu'à présent essentiellement et brutalement aggravé les possibilités de contrôle du marché sur la vie de l'esprit, nous soutenons que les technologies de l'esprit peuvent et doivent devenir un nouvel âge de l'esprit, un renouveau de l'esprit, une nouvelle « vie de l'esprit ».

Nous pensons que ce renouveau et cette renaissance de l'esprit doivent constituer le motif de ce que nous appelons une politique industrielle de l'esprit.

2. Or, une telle politique industrielle doit aussi être une écologie industrielle de l'esprit.

La soumission des technologies de l'esprit aux seuls critères du marché les maintient dans une fonction de *technologies de contrôle*, au service de « sociétés de contrôle » (nous empruntons cette expression à William Burroughs, à qui Gilles Deleuze l'emprunta lui-même [1]). Cette fonction, qui a pour but de systématiser le développement des applications et des usages des moyens de calcul, de communication et d'information au seul service d'une *massification des comportements* de production et de consommation dans le sens des intérêts financiers investis à très court terme et très forts rendements dans les entreprises industrielles, *bloque l'accès* à ces technologies *pour toute autre finalité*. Et en particulier, elle interdit et obstrue systématiquement le développement des pratiques sociales nouvelles et inédites que non seulement elles permettent, mais qu'elles appellent et par lesquelles seulement, là est notre thèse, ces technologies pourront devenir la base d'une nouvelle époque de la civilisation et permettront d'éviter le

---

1. Gilles Deleuze, *Pourparlers*, Minuit, 1990, p. 242.

chaos dont chacun sent bien qu'il constitue désormais une menace imminente.

3. Ces technologies « de l'âme » ou « de la conscience », auxquelles sont en train de s'ajuster des technologies du corps et du vivant, visent aujourd'hui à contrôler et à façonner hégémoniquement les modes d'existence individuels et collectifs, et ce, à tous les âges de la vie. Or, ce *contrôle des existences*, qui est un contrôle et une manipulation des désirs des individus et des groupes, conduit à détruire les possibilités mêmes, pour ces individus et pour ces groupes, d'exister : exister, cela ne peut être qu'exister comme singularité. Et plus précisément, ce contrôle détruit le *désir* des individus et des groupes – ce que depuis Freud on appelle leur *énergie libidinale*.

Le capitalisme, au XXe siècle, a fait de la libido sa principale énergie : l'énergie qui, canalisée sur les objets de la consommation, permet d'absorber les excédents de la production industrielle, en suscitant, par des moyens de captation de la libido, des désirs entièrement façonnés selon les besoins de la rentabilité des investissements.

Or, aujourd'hui, cette captation de la libido a fini par la détruire, et ce fait majeur constitue une immense menace pour la civilisation industrielle : elle conduit inévitablement, à terme, à une crise économique mondiale sans précédent.

4. Cette menace contre le désir est une menace contre l'humanité tout entière : la ruine du désir est aussi celle des possibilités de sublimation et de la constitution d'un surmoi, et elle produit conséquemment, au-delà des perturbations économiques induites

par le modèle qui oppose production et consommation, des désordres géopolitiques, politiques, sociaux et psychiques extrêmement alarmants. Ces dysfonctionnements, qui deviennent pour l'humanité de véritables fléaux, constituent les manifestations récentes de problèmes que doit résoudre ce qu'il convient donc d'appréhender comme une *écologie industrielle de l'esprit et du désir*.

5. Le désir est constitué par des pratiques symboliques, que soutiennent des techniques ou des technologies symboliques. Les objets du désir sont intrinsèquement singuliers, et en tant que tels, ils intensifient la singularité du désirant. Or, la fabrication industrielle du désir, qui est rendue possible par les technologies d'information et de communication, consiste à catégoriser les singularités, c'est-à-dire à rendre calculable ce qui, étant incomparable (le singulier est par essence ce qui ne se compare à rien), est irréductiblement incalculable. Pour autant, les singularités ne sont pas du tout ce qui échappe à la technique ou au calcul, mais ce qui se constitue au contraire par la pratique des techniques, technologies et calculs, en vue d'intensifier ce qui n'est pas réductible au calculable. C'est ce que rendent par exemple immédiatement sensible toutes les formes d'art, comme le poème, dont Claudel écrit :

> Il faut qu'il y ait dans le poëme un nombre tel qu'il empêche de compter[1].

---

1. Merci à Pierre Sauvanet qui nous a signalé cette référence.

Reste que les technologies d'information et de communication sont précisément les technologies spirituelles, et cela signifie tout aussi bien qu'elles relèvent de la question des techniques de la mémoire dont Michel Foucault analysa le sens comme techniques de « l'écriture de soi [1]. » Il reprit pour les qualifier le terme grec d'*hypomnémata*, qui fut la grande question de la philosophie dès Platon : celui-ci définit déjà l'écriture comme *hypomnésis*, c'est-à-dire comme mémoire technique.

En tant que mnémo-technologies, les technologies industrielles de l'esprit sont de nouvelles formes d'*hypomnémata*. Et comme les *hypomnémata* de l'âge antique, en particulier dans les écoles stoïciennes et épicuriennes et dans le christianisme primitif, dans la Rome où la *skholè* grecque devient la pratique romaine de l'*otium* [2], les technologies industrielles de l'esprit appellent de nouvelles pratiques, c'est-à-dire, au bout du compte, de nouvelles organisations sociales.

Car la relation des hommes à ces technologies ne peut en aucun cas continuer de se limiter aux usages prescrits par les modes d'emploi et les campagnes de marketing, qui ne tendent qu'à garantir les retours sur investissements les plus rapides possibles, pour des actionnaires qui veulent, comme on dit, des « taux à deux chiffres » – et, si possible, jamais inférieurs à 15 %.

---

1. Michel Foucault, « L'écriture de soi », dans *Dits et écrits 2 (1976-1988)*, Gallimard, coll. Quarto, 2001, p. 1234.
2. Sur la genèse de la notion d'*otium*, cf. Jean-Marie André, *L'Otium dans la vie morale et intellectuelle romaine des origines à l'époque augustéenne*, PUF, 1966. Merci à Ludovic Duhem de nous avoir permis de retrouver cet ouvrage.

6. Une telle politique est en effet suicidaire : ce capitalisme est autodestructeur. En affirmant la possibilité d'une politique industrielle de l'esprit, notre association s'assigne tout aussi bien pour but de lutter contre cette tendance autodestructrice du capitalisme, en contribuant à l'invention de pratiques des technologies de l'esprit qui reconstituent des objets de désir et des expériences de la singularité. Nous pensons que le développement de telles pratiques est une condition fondamentale pour un avenir pacifique et mondial de la société industrielle.

7. La question d'économie politique que pose l'avenir industriel est donc *la relance du désir* – et non simplement la relance de la consommation, comme s'y obstinent frénétiquement les mesures technocratiques et artificielles mises en œuvre dans les pays industriels, et en particulier l'Europe, qui ne cessent d'aggraver le mal qu'elles prétendent réduire. Les industries de l'esprit, qui existent donc déjà, mais qui sont mal orientées et détruisent la société au lieu d'en constituer une nouvelle époque, produisent toutes sortes de technologies d'échanges symboliques toujours accrus, et qui ne vont cesser de se développer dans les décennies à venir – dès à présent, avec les réseaux à haut débit et les liaisons wi-fi, par exemple, et demain, avec les nanotechnologies. Or, ces appareils et services ne sauraient continuer à croître contre la cohésion sociale et l'intérêt général. Et c'est dans la mesure où la question de l'intérêt général est en effet inscrite dans celle du symbolique que la définition d'une politique industrielle de l'esprit nécessite aussi l'invention d'une nouvelle forme de puissance publique, associant des

compétences de toutes natures et de tous horizons, acteurs économiques et institutions publiques, instituts de recherche et associations, économistes, artistes, scientifiques, philosophes, investisseurs, partenaires sociaux, collectivités locales et territoriales, etc.

8. *Ars Industrialis* est située à Paris, en France, mais se définit avant tout comme européenne. Et elle veillera dès ses premiers pas à trouver des interlocuteurs, des partenaires et des adhérents dans les pays d'Europe, et à organiser ses activités hors de France aussi souvent que ce sera possible. Pour autant, c'est une association internationale, et non seulement européenne, qui entend développer des échanges internationaux bien au-delà du continent européen. Elle entend porter sa réflexion au niveau mondial, pour ce qui concerne tous les points évoqués précédemment, et, par voie de conséquence, dans les domaines de l'enseignement, de la recherche, de la science, de l'art, des médias, de l'organisation des services publics de l'audiovisuel, des industries culturelles et des industries de programmes privées, et des politiques d'aménagement du territoire.

9. Outre ses partenaires et adhérents d'Europe et des autres continents, *Ars Industrialis* visera à développer dans les villes de France un réseau de lieux d'activités, d'adhérents et de correspondants.

10. *Ars Industrialis* animera ces différents réseaux en utilisant tous les moyens contemporains de communication disponibles, et recherchera pour cela le soutien d'organismes et de collectivités publics et privés.

*

Sur la base de ces préalables, *Ars Industrialis, association internationale pour une politique industrielle de l'esprit*, se fixera pour but :

— d'animer une réflexion collective, internationale et transdisciplinaire, par des moyens tels que des rencontres, des séminaires, des colloques,

— de diffuser les résultats de ces travaux par des publications, un site Internet, la rédaction de motions,

— de réaliser des études et de faire des propositions, et, chaque fois que ce sera possible, de les mettre en œuvre, par des actions ou par des expérimentations,

— de défendre les intérêts de ses membres contre tout préjudice résultant d'une atteinte à l'intérêt collectif qu'elle s'est donné pour objet de défendre.

Dans l'immédiat, *Ars Industrialis* organisera des rencontres à Paris[1] en particulier sur les thèmes de :

— la politique européenne passée et à venir dans le domaine des industries de l'esprit,

— l'initiative prise par Google dans le domaine des bibliothèques numériques et les politiques française et européenne en la matière,

---

1. Les séances publiques d'*Ars Industrialis* ont lieu le samedi après-midi et tous les deux mois au théâtre national de la Colline, à Paris. Nous remercions ici très vivement Alain Françon, son directeur, Alain Herzog, son administrateur, Anne Goalard et Élodie Regibier, pour leur généreuse hospitalité. Les documents préparatoires, les comptes-rendus et les enregistrements audios de ces séances sont accessibles sur le site www.arsindustrialis.org, ainsi que les séances du séminaire *Trouver de nouvelles armes* qui se tiennent au Collège international de philosophie et sont co-animées par Georges Collins, Marc Crépon, Catherine Perret et Bernard Stiegler.

— la question de la recherche scientifique dans le cadre d'une politique industrielle de l'esprit,

— les enjeux du sommet mondial de la société de l'information organisé par l'ONU à Tunis en novembre 2005,

— les rôles du marketing et de la publicité dans la société industrielle d'hier, d'aujourd'hui et de demain,

— l'art et la société industrielle d'hier, d'aujourd'hui et de demain,

— la question des langues en Europe, et, au-delà, de la différence idiomatique entendue au sens large,

— les désordres psychologiques et les questions de santé publique du point de vue d'une écologie industrielle de l'esprit,

— les questions de propriété industrielle,

— les points de vue existants aux USA, en Amérique latine, en Chine, au Japon, notamment, quant à la question d'une politique industrielle de l'esprit et d'une nouvelle puissance publique, en particulier d'une nouvelle puissance publique internationale en ces matières.

Georges Collins, Marc Crépon, Catherine Perret, Bernard Stiegler et Caroline Stiegler.

Chapitre premier

REFONDER LA SOCIÉTÉ

1. L'époque hyperindustrielle comme capitalisme de services

Nous vivons dans une société *de plus en plus* industrielle, et il n'y a pas d'alternative à ce devenir : il n'y a pas d'avenir hors d'un devenir toujours plus industriel du monde. Dans une société *hyper*industrielle [1], toutes les formes de la vie humaine sont devenues des objets de rationalisation, d'investissement et de création d'entreprises économiques de *services* – et ce devenir relève d'un processus de grammatisation [2] engagé sur la base de l'apparition de nouvelles formes d'*hypomnémata* [3] qui sont précisément à la fois les technologies

---

1. Sur les caractéristiques de la société hyperindustrielle, cf. *infra*, p. 109, et B. Stiegler, *De la misère symbolique 1. L'époque hyperindustrielle*, Galilée, 2004, p. 97 sq.

2. La grammatisation est un processus de description, de formalisation et de discrétisation de comportements humains qui permet leur reproductibilité. Pour de plus longs développements, cf. *infra*, p. 75, et *De la misère symbolique 1, op. cit.*, p. 111-114.

3. Cf. *supra*, p. 10, n. 1, 20-21 et 31 : les *hypomnémata* sont les supports artificiels de la mémoire sous toutes leurs formes : de l'os incisé préhistorique, du *churinga* australien, à l'assistant

de contrôle de la société hyperindustrielle des services, et les supports possibles d'un nouvel âge de l'esprit, d'une réévaluation de l'esprit appelée de leurs vœux par l'Unesco [1] aussi bien que par les acteurs économiques de tous les horizons.

Ce que l'on appelle la « désindustrialisation », qui est un fait, ne signifie pas du tout que la société serait en train de quitter l'âge industriel : la désindustrialisation est une nouvelle organisation de la division industrielle du travail, qui consiste à transférer les moyens de production dans des pays où la main-d'œuvre est « bon marché ».

C'est cette nouvelle division du travail qui permet la constitution d'un capitalisme de service bien plus industriel que le capitalisme précédent, puisque, à travers le développement des *appareils* personnels, et non seulement des machines, appareils dont les prix baissent à la fois en raison des économies d'échelle et des avancées de la recherche technoscientifique, et parce qu'ils sont produits par des travailleurs très peu rémunérés, sinon par des esclaves, ce capitalisme de service fait de tous les segments de l'existence humaine des objets de contrôle permanent et systématique de l'attention et du comportement – des objets de statistiques, de formalisations, de rationalisations, de calculs, d'investissements et de marchandisations par l'intermédiaire de ce que l'on appelle aussi les « technologies

---

personnel électronique et au lecteur MP3, en passant par l'écriture de la Bible et des dialogues de Platon, l'imprimerie, la photographie, etc. Cf. aussi *Mécréance et discrédit 1. La décadence des démocraties industrielles*, Galilée, 2004, p. 107-115.

1. Unesco, *Vers les sociétés du savoir*, Éditions Unesco, 2005.

R », c'est-à-dire les technologies relationnelles[1] : toutes sortes de dispositifs techniques et de réseaux de télécommunication et de radiotélédiffusion, dont les lecteurs de codes-barres et de cartes à puces, les capteurs de puces RFID[2], les objets communicants et les liaisons wi-fi ou bluetooth sont devenus les périphériques ou les sous-réseaux, et à quoi s'ajouteront demain les microtechnologies, qui sont aussi les supports de la biométrie, puis les nanotechnologies dans leur ensemble.

Dans la société hyperindustrielle, par l'intermédiaire de technologies de contrôle toujours plus efficaces, intégrées et discrètes, les entreprises de services sont partout et s'occupent de tout : elles sont devenues le principal acteur de la *vie publique*, en tant que celle-ci est ce qui métastabilise des modes de vie communs. Elles sont par là même devenues le principal facteur du dynamisme social, qui consiste en une évolution constante des modes de vie, dont il s'agit, dans un contexte contemporain de concurrence économique mondiale, de prendre le contrôle.

Le dynamisme social induit une trans-formation permanente des modes de vie, et c'est vrai de toute

---

1. Cf. Jeremy Rifkin, *L'Âge de l'accès*, La Découverte, 2000, p. 132.
2. *Radio Frequency Identification.* « Les Tag RFID sont de petits objets, tels que des étiquettes autoadhésives, qui peuvent être collées ou incorporées dans des produits. Les Tag RFID comprennent une antenne associée à une puce électronique qui leur permettent de recevoir et de répondre aux requêtes radio émises depuis l'émetteur-récepteur. Ce sont des dispositifs actifs, émetteurs de radiofréquences qui vont activer les marqueurs qui passent devant eux en leur fournissant à courte distance l'énergie dont ceux-ci ont besoin. » (Encyclopédie en ligne Wikipédia.)

époque : cette trans-formation est le résultat du processus d'individuation psychique et collective en quoi consiste l'humanité. Elle peut être lente et insensible, ou rapide et patente – comme c'est le cas à partir de la révolution industrielle, c'est-à-dire avec l'apparition du capitalisme industriel. S'individuer, c'est se transformer : la trans-formation des modes de vie est la loi de la forme de vie humaine – de l'*existence*. L'homme ne fait pas que sub-sister : il ex-siste, et cela signifie qu'il se trans-forme.

2. *Le consommateur déchargé de son existence*

Comme processus d'individuation[1], une société humaine est un système dynamique où les individus et les groupes concourent, et sont en cela à la fois en coopération et en concurrence les uns avec les autres, pour tenter de trans-former le cours du processus d'individuation – conformément à leurs désirs, à leurs intérêts et à leurs modes de vie respectifs, et pour tenter de l'orienter. Tout au long de l'histoire de l'humanité, les relations entre les groupes humains ne cessent de s'intensifier, tandis que les groupes eux-mêmes deviennent de plus en plus vastes, et de moins en moins nombreux – d'autant moins nombreux et d'autant plus vastes que leurs échanges sont plus intenses.

---

1. Cf. *supra*, p. 21, et *infra*, p. 76. L'individuation n'est pas l'individualisation : elle est la formation de l'individu en tant que, demeurant toujours inachevé, il est toujours lié à d'autres individus, à des groupes, avec lesquels il « s'individue », et il n'est jamais complètement individualisé, ce qui signifie, dans le langage de Simondon, que l'individuation psychique est toujours aussi une

Ils atteignent aujourd'hui le niveau planétaire : c'est à ce niveau qu'il s'agit, pour les groupes de tailles continentales, sinon de piloter le processus d'individuation global que constitue l'humanité devenue mondialement industrielle (et localement hyperindustrielle), du moins d'en influencer une ou plusieurs dimensions, c'est-à-dire de co-piloter le processus avec des partenaires alliés.

Dans ce contexte, les industries de services, qui trans-forment désormais les modes de vie à l'échelle planétaire, posent des problèmes spécifiques en ce qu'*elles détruisent les circuits de transindividuation* par lesquels les innovations techniques étaient jusqu'alors socialement appropriées. La transindividuation, c'est ce qui résulte de la co-individuation des individus psychiques, c'est-à-dire de ce qui constitue l'individuation collective comme concours des individus psychiques (concurrence, co-opération et émulation que les Grecs appelaient l'*éris*) où se produisent et se métastabilisent, c'est-à-dire se trans-forment, les *significations* portées et constituées par les modes de vie[1]. Or, la transindividuation est ce qui est court-circuité par les industries de services.

Subir les effets d'une industrie de services, c'est en effet voir son existence se trans-former *sans participer* à cette trans-formation, s'il est vrai que l'industrie des

---

individuation collective, c'est-à-dire sociale, et que l'individuation sociale est toujours aussi l'individuation d'un milieu préindividuel : par exemple la langue, comme on le verra p. 48.

1. Gilbert Simondon, *L'Individuation psychique et collective*, Aubier, 1989.

services repose non seulement sur une division industrielle du travail, mais sur une *affectation de rôles sociaux où, par principe, le consommateur est dessaisi des tâches de production* – et est en cela relativement *désaffecté*. La dessaisie des tâches de production, prises en charge par le service, est présentée comme un avantage : celui d'une décharge. C'est en ce sens que l'on parle de « service » : les serfs étaient autrefois en charge des corvées. Cependant, cette décharge est ce qui prive de son existence même celui qui se trouve ainsi « déchargé » : il s'en trouve privé de la possibilité de décider de sa façon de vivre – et c'est là un renversement et une infirmation de ce que Hegel décrivit comme la dialectique du maître et de l'esclave[1], et sur laquelle le marxisme spécula tant et plus.

3. Les sociétés hyperindustrielles de services comme destruction des processus d'individuation par le contrôle des processus d'adoption

On ne décide *jamais* de la façon dont on vit : on reproduit des modes de vie – dont on a hérité à travers ses proches, que l'on a adoptés à travers l'éducation, ou que l'on adopte sous l'influence de cultures venues d'ailleurs, parfois de très loin, et par toutes sortes de vecteurs : circulation de marchandises ou de personnes, évangélisation, adoption de techniques nouvelles ou

---

1. Hegel, *Phénoménologie de l'esprit*, Aubier, trad. Jean Hyppolite, t. 1, p. 161.

d'idéologies, industries culturelles (cinéma, radio, télévision), etc. Le processus d'individuation est *essentiellement* un processus d'adoption[1].

Les grandes civilisations se sont toutes constituées à la fois en inventant des modes de vie nouveaux, qu'elles firent adopter à d'autres sociétés, et en adoptant les modes de vie de sociétés étrangères : le processus d'adoption est la *base* du *dynamisme* des sociétés humaines en tant que processus de trans-formation des modes de vie.

L'Empire de Chine, où se développe désormais une nouvelle forme de capitalisme, et dont on se demande à partir de quand il commencera à exporter son mode de vie à travers *ses* industries de services, fut lui-même et dès son origine le fruit d'un tel processus d'adoption : il s'y élabora un nouveau mode de vie, qui se forma il y a environ trois mille ans entre les innombrables ethnies qui le précédèrent sur le territoire qui est toujours celui de la Chine contemporaine, en passant par les principautés puis par le bouddhisme : il constitua en cela un nouveau processus d'individuation, original et typique de l'Asie – où l'écriture par caractères, forme asiatique de l'*hypomnématon*[2], joua un rôle unificateur prépondérant : je vais revenir sur ce point.

Alexandre, héritier de l'écriture idéogrammatique des Empires dits hydrauliques (Égypte et Mésopotamie), trans-formée en écriture alphabétique *via* les Phéniciens, Alexandre, lorsqu'il fut devenu conquérant de

---

1. Pour un exposé détaillé de ce concept, cf. *La Technique et le Temps 3. Le temps du cinéma et la question du mal-être*, Galilée, 2001, chapitre 3, p. 127 et sq.
2. Cf. *supra*, p. 31.

ceux dont il était héritier, adopta la religion égyptienne et fit adopter aux Égyptiens la sienne. C'est ainsi que l'on peut voir, dans la nécropole d'Alexandrie, un tombeau orné de bas-reliefs représentant Perséphone et Hadès sur sa partie supérieure, et sur sa partie inférieure Isis et Osiris.

L'avenir d'une société humaine réside dans sa capacité à adopter de nouveaux modes de vie – c'est-à-dire, aussi et surtout, de nouvelles techniques ou technologies, et en particulier, des *hypomnémata*. Pour autant, un processus d'adoption n'est *porteur d'avenir* que dans la mesure où il contribue soit à renforcer un processus d'individuation existant, soit à constituer un nouveau processus d'individuation psychique et collective : que dans la mesure où ceux qui adoptent le nouveau mode de vie y trouvent la possibilité de *s'y individuer autrement*, et *par eux-mêmes :* de *s'y* trans-former en intensifiant leur *singularité*, c'est-à-dire leur potentiel néguentropique[1].

Or, le capitalisme hyperindustriel, en l'état actuel de son organisation, est au contraire ce qui, en prenant le contrôle des processus d'adoption à tous les niveaux, et en premier lieu au niveau des processus d'identification primaire et secondaire qui constituent les individus psychiques[2], induit la destruction des processus d'individuation, aussi bien au niveau psychique qu'au niveau

---

1. La néguentropie est ce qui lutte contre l'entropie, c'est-à-dire contre l'égalisation et l'indifférenciation de toutes choses, et l'individuation est essentiellement un processus néguentropique.

2. J'ai analysé ce que j'ai appelé la *désidentification* dans *Mécréance et discrédit 2. Les sociétés incontrôlables d'individus désaffectés*, Galilée, 2006. Je montre dans *La Télécratie contre la démocratie*, Flammarion, 2006, que la *désidentification collective* est ce

collectif. Car ce capitalisme de services, par une mise en œuvre des formes contemporaines d'*hypomnémata* que sont les technologies d'information et de communication comme technologies *de contrôle*, et non pas *d'individuation*, généralise un processus de prolétarisation où les producteurs ont perdu leurs savoir-faire, tandis que les consommateurs ont perdu leurs savoir-vivre – et où la vie a du même coup perdu toute saveur, s'il est vrai que les savoirs sont ce qui, en tant que *sapere*, rend le monde sapide, et que l'inverse est vrai : un monde, pour autant qu'un monde ne *fait* monde qu'à la condition d'être sapide, est ce qui suppose des savoir-être-au-monde, que l'on appelle précisément des *savoir-vivre*, voire un *art de vivre*, et qui constituent, par l'ensemble qu'ils forment, une civilité, une société policée, une politesse aussi bien : un bien-être et un bonheur de vivre, et parfois même une *joie* de vivre.

Est prolétarisé celui qui perd son savoir : le producteur prolétaire perd son savoir-faire, passé dans la machine, et il devient pure force de travail ; le consommateur prolétaire perd son savoir-vivre, devenu mode d'emploi, et il n'est plus qu'un pouvoir d'achat. Alors même que l'on annonce la venue d'un capitalisme cognitif (de Toni Negri à Ernest-Antoine Seillière), d'une industrie de la connaissance formant une société de savoir (de Tony Blair à l'Unesco, en passant par Michel Serres), le capitalisme apparaît ici comme ce

---

qui résulte de la destruction des *institutions de programmes*, et en premier lieu de l'école, par les *industries de programmes*, et en premier lieu par la télévision.

qui tend à liquider toutes les formes de savoirs, à produire de l'entropie et du dégoût, et à rendre le monde insipide. Et l'on voit ainsi comment les industries cognitives mettent le savoir au service exclusif de l'économie comme les industries culturelles ont transformé les arts et les lettres en divertissement, sinon, comme l'écrit Marc Jimenez, en mystification de masse :

> Un nouveau mot d'ordre tend à s'imposer, celui d'« économie de la connaissance » qui trouve son équivalent dans « l'économie des loisirs et du divertissement » pour la sphère culturelle. Dans une société de plus en plus contrôlée, [...] cet art [...] deviendrait, à l'instar du football [...] l'un des instruments privilégiés de la manipulation et de la mystification de masse [1].

Il manque peut-être à cette analyse sa projection dans la dynamique du processus de grammatisation dont les technologies culturelles et cognitives sont le stade le plus récent – il y manque une approche organologique [2] qui permettrait de rendre compte de la

---

1. Note photocopiée de présentation d'une communication de Marc Jimenez dans un séminaire organisé à Rome par l'université La Sapienza en mai 2006.
2. L'organologie générale est la méthode que je propose pour décrire la façon dont évoluent conjointement, au cours de l'histoire de l'humanité, les organes physiologiques, les organes artificiels et les organisations sociales. Un organe physiologique (y compris le cerveau, siège de l'appareil psychique – mais l'appareil psychique n'est pas réductible au cerveau, et suppose des organes techniques, des artefacts, supports de symbolisation, et dont la langue est un cas) n'évolue pas indépendamment des organes techniques et sociaux : leurs évolutions sont inscrites dans ce que Simondon appelle des relations transductives, c'est-à-dire des relations dont les termes sont constitués par la relation même, ce qui signifie aussi que l'évolution de l'un des termes de la relation implique une évolution corrélative de l'autre terme. L'organologie

nécessité de ce stade de la grammatisation et en cela des possibilités alternatives qui s'y ouvrent *aussi*. Reste qu'en l'état actuel des choses se produit en effet un asservissement de l'esprit, ce dont parle ici Marc Jimenez. Et il résulte de cet *esprit asservi, c'est-à-dire de cet esprit servile*, qui *sert* les sociétés de service, un mal-être généralisé et un dégoût de soi et des autres, qui se manifeste par des symptômes très variés, dont l'hyperconsommmation n'est qu'un cas, et qui n'est qu'en apparence paradoxal [1] : le malaise dans la civilisation est devenu celui de la consommation (ainsi que « dans l'esthétique [2] »), ce qui ne peut que conduire, à terme, à un refus généralisé de la trans-formation en cours, ce dont les symptômes pullulent désormais – tout particulièrement en France.

---

générale décrit une relation transductive à trois classes de termes (physiologiques, techniques et sociaux). Pour un exposé détaillé des concepts de l'organologie générale, cf. *De la misère symbolique 2. La* catastrophè *du sensible*, Galilée, 2004, p. 29, 99.

1. Le caractère apparent de ce paradoxe a été démonté dans une séance d'*Ars Industrialis*, « Souffrance et consommation », qui s'est tenue le 25 février 2006 au théâtre de la Colline. On en trouvera un enregistrement audio sur le site arsindustrialis.org, téléchargeable en podcasting. J'ai par ailleurs examiné la situation addictive de l'hyperconsommation dans *Mécréance et discrédit 2, op. cit.*, p. 117 sq., et en analysant la tragédie de la famille Cartier. On y verra pourquoi l'ouvrage de Gilles Lipovetski paru depuis, *Le Bonheur paradoxal. Essai sur la société d'hyperconsommation*, Gallimard, 2006, est un tissu de sophismes intéressants et pathétiquement contradictoires – le paradoxe étant ici tout à fait de l'ordre de la mystification de masse dont parle Marc Jimenez.

2. *Malaise dans l'esthétique* est le titre d'un ouvrage de Jacques Rancière qui ne traite certes pas des sujets ici abordés, mais dont ceux-ci constituent sans nul doute le contexte.

4. « Réenchanter le monde[1] » face au destin malheureux de la consommation

Pourtant, il y aura eu un âge de la consommation heureuse – celui des années d'après la Seconde Guerre mondiale, même si, dès les années 1950, Guy Debord annonçait le *destin malheureux* des masses de consommateurs devenant classe « moyenne ». C'est lorsque l'économie de services a commencé à se généraliser que le destin malheureux de la consommation s'est en effet imposé : à la différence de l'économie industrielle classique, qui fournissait des biens matériels de consommation améliorant la vie quotidienne, tels les appareils électroménagers, *l'économie de services détruit le jeu social lui-même*, c'est-à-dire *l'individuation en tant qu'elle constitue un processus essentiellement participatif* – au sens où Simondon écrit que

> la participation, pour l'individu, est *le fait d'être élément dans une individuation plus vaste* par l'intermédiaire de la charge de réalité *préindividuelle que l'individu contient*, c'est-à-dire grâce aux potentiels qu'il recèle[2].

La langue constitue typiquement un processus d'individuation psychique et collective où l'on voit que la condition de l'individuation est que le milieu linguistique soit celui d'une permanente *interlocution*, c'est-à-dire une *participation de tous* au devenir du milieu linguistique. La langue est un milieu symbolique et

---

1. Cf. *supra*, p. 18.
2. G. Simondon, *L'Individuation psychique et collective, op. cit.*, p. 18.

social *intrinsèquement* participatif, où le processus d'individuation se constitue dans la stricte mesure où les *destinataires* d'un énoncé linguistique en sont aussi, et par structure, des *destinateurs* potentiels – et ce processus est dans son essence à la fois psychique *et* collectif : le locuteur *s'*individue, c'est-à-dire *se* trans-forme et devient ce qu'*il* est, par les énoncés qu'il produit (aussi bien que par ceux qu'il reçoit, mais qu'il ne reçoit *en effet* que pour autant qu'il y répond par d'autres énoncés : tel est le *dialogisme* de la langue). Or, ces énoncés contribuent eux-mêmes à la trans-formation *de la langue* dans laquelle ils sont prononcés, précisément *à la mesure de l'individuation du locuteur lui-même*. L'individuation *psychique* du locuteur est bien, ici, l'individuation *collective* que constitue la langue commune aux locuteurs, qui s'y constituent eux-mêmes à mesure qu'ils la parlent. Le locuteur est celui qui *pratique* sa langue, et non celui qui l'« utilise » ou qui l'« emploie » : on n'emploie pas et on n'utilise pas sa langue : on est *constitué* par elle, et l'on en est par là même *constituant*. C'est pourquoi il n'y a pas de mode d'emploi d'une langue[1].

Les milieux sociaux où s'individuent les existences psychiques et, avec elles, les groupes au sein desquels elles échangent et se trans-forment dans le cours même de ces échanges, ne sont des milieux d'individuation *que dans la mesure où ils sont participatifs* : l'individuation du milieu s'accomplit à travers l'individuation de ceux qui vivent dans ce milieu, et réciproquement.

---

1. De même, on n'utilise pas un piano : on en joue, c'est-à-dire qu'on le pratique, et le pratiquant, on devient pianiste, et non pas utilisateur de piano. Sur cette question de la langue, cf. Marc Crépon, *Langues sans demeure*, Galilée, 2005.

L'économie des services est au contraire ce qui prive l'individu psychique de toute possibilité de participation à l'individuation collective, c'est-à-dire à l'*évolution* de son milieu de vie : elle repose sur le contrôle, par les concepteurs du service, du comportement des consommateurs, qui n'en sont donc pas des praticiens, mais des utilisateurs. Le problème est alors que, dans ces usages, les consommateurs et utilisateurs ne trouvent pas matière à s'individuer et qu'ils en souffrent. Non seulement ils ne trouvent pas matière à s'y individuer, mais *ils s'y désindividuent :* ils sont soumis à ce que Simondon a appelé la *perte d'individuation*. Du même coup, la trans-formation des modes de vie ne constitue plus le dynamisme de l'individuation, mais tout au contraire son blocage. C'est en cela que l'époque de la consommation propre à l'économie des services typique des trois dernières décennies, qui est aussi celle de la *life time value* [1], devient *non seulement malheureuse et insipide, mais dangereuse et explosive*.

C'est en cela qu'il faut « réenchanter le monde ».

Or, le réenchantement du monde suppose de le faire sortir de l'époque des milieux *dis-sociés*, c'est-à-dire tels que *la séparation des fonctions de production et de consommation prive les producteurs et les consommateurs de leurs savoirs, c'est-à-dire de leurs capacités de participation à la socialisation du monde par la trans-formation*

---

1. Sur cette notion, cf. Jeremy Rifkin, *L'Âge de l'accès, op. cit.*, p. 15, et mon commentaire dans *Mécréance et discrédit 1, op. cit.*, p. 122. Cet ouvrage de Rifkin est critiquable à bien des égards. Il constitue pourtant un ouvrage majeur quant à la description de ce qu'il appelle le capitalisme culturel et la mise en place de l'économie des services.

du monde : avec la production industrielle des objets, ceux-ci ne sont plus ce qui évolue à partir de leurs pratiques sociales, mais ce qui est conçu par le design en amont de la production, en relation avec la recherche-développement, et en court-circuitant le temps des pratiques, qui est trop long pour l'économie industrielle. Cette liquidation des pratiques, auxquelles sont substitués des usages que le marketing suscite par des modes d'emploi et des campagnes publicitaires, est ce qui induit du côté des consommateurs une perte de savoir-faire et de savoir-vivre, c'est-à-dire la perte du savoir inventer sa propre vie, consommateurs qui, en cela, se trouvent prolétarisés tout comme les producteurs (ils perdent leur savoir-vivre comme les producteurs ont perdu leurs savoir-faire, ce qui est le passage de l'ouvrier au prolétaire). Cette perte de savoir, c'est une dissociation. Les milieux dis-sociés, apparus dès le début de la révolution industrielle, précisément comme prolétarisation des producteurs, sont étendus par l'économie de services à *toutes* les sphères de la vie sociale et à toutes les activités du consommateur.

C'est avec le modèle industriel issu du fordisme que se systématise la *dis-sociation* des milieux et que se généralise la prolétarisation (ce qui est masqué par le fait que le producteur prolétarisé doit aussi devenir un consommateur de ce qu'il produit, l'opposition entre production et consommation *semblant* être ainsi surmontée). Mais c'est lorsqu'elle affecte les milieux symboliques et les relations sociales à travers l'économie des services que la dis-sociation devient la cause d'une grande souffrance sociale et existentielle : *la dis-sociation est la destruction du social, c'est-à-dire de la sociation*

– tout aussi bien que du capitalisme, qui a besoin d'un esprit, et qui, en l'état actuel de son économie de services, est en train de détruire cet esprit [1].

Réenchanter le monde, c'est le faire revenir dans un contexte de milieux *as-sociés*, et reconstituer *l'individuation comme association et concours dialogique*. La langue, comme tous les milieux humains constitutifs de l'individuation (et porteurs en cela d'une « charge de réalité préindividuelle [2] »), c'est-à-dire du processus d'adoption et de trans-formation plus ou moins heureuse des modes de vie, est un tel milieu *associé*.

Le concept de milieu associé a été forgé par Simondon pour caractériser un milieu technique d'un type très particulier : est appelé « associé » un milieu technique tel que l'objet technique dont il est le milieu « associe » structurellement et fonctionnellement les énergies et les éléments naturels qui composent ce milieu, en sorte que la nature y devient une fonction du système technique. C'est le cas de la turbine Guimbal qui, dans les usines marémotrices, assigne à l'eau de la mer, c'est-à-dire à l'élément naturel, une triple fonction technique de fourniture de l'énergie, de refroidissement de tout le corps de la turbine et d'étanchéisation des paliers par la pression de l'eau.

Or, à l'époque des *hypomnémata* numériques, il existe de tels milieux techniques et industriels où c'est *l'élément humain de la géographie* qui est *associé au devenir du milieu technique :* tel est le cas du réseau internet.

---

1. Sur ce sujet, cf. *Mécréance et discrédit 2, op. cit.*, et *Mécréance et discrédit 3. L'esprit perdu du capitalisme*, Galilée, 2006.
2. Cf. *supra*, p. 48.

Et telle est la raison pour laquelle internet rend possible l'*économie participative* typique du logiciel libre. Internet est en effet un milieu technique tel que les destinataires sont mis par principe en position de destinateurs. Cette *structure participative* et en cela *dialogique* est la raison de son succès foudroyant – souvenons-nous qu'en 1992, il n'existait pas encore.

Et c'est aussi parce que le réseau IP est un milieu associé, participatif et dialogique qu'il a permis le développement d'un nouveau modèle industriel de production de logiciels à partir d'un système d'exploitation informatique en libre accès, Linux, où les « utilisateurs » des logiciels en sont par principe des *praticiens*, en cela qu'ils contribuent à l'individuation des logiciels (car il y a une individuation technique comme il y a une individuation psychique et une individuation sociale) : leurs pratiques sont ce qui fait évoluer les logiciels eux-mêmes, dans la mesure où les praticiens des logiciels en sont aussi les développeurs : ils mettent en œuvre un savoir qu'ils forment par ces pratiques mêmes.

L'économie du logiciel libre, tout comme le milieu technique constitué par la norme IP qui rend compatibles tous les réseaux numériques, formant ce réseau de réseaux appelé internet, constituent les facteurs d'apparition d'une économie participative qui fournit les concepts d'un *nouveau modèle industriel*, appelé à *remplacer le modèle industriel des milieux dissociés, qui sont aussi* ANTISOCIAUX. L'économie participative est ce qui doit venir remplacer l'économie de services, qui est elle-même devenue un facteur très néfaste de désindividuation, et qui ne peut que détruire, à terme, l'économie en général, s'il est vrai que celle-ci, en tant que trans-formation des modes de vie et « loi de la maison » (*nomos* de l'*oikos*), suppose un processus d'individuation psychique et collective dynamique et harmonieux.

Le milieu associé technique qu'est internet peut évidemment être mis au service du contrôle : il peut devenir une nouvelle technique du contrôle, c'est-à-dire de la dissociation. C'est précisément ce qui arrive, par exemple, avec les techniques du *user profiling*, c'est-à-dire les technologies R mises en œuvre dans les réseaux[1]. Et plus généralement, tout milieu associé, à commencer par le langage, peut devenir un facteur de dissociation.

L'élément nouveau est cependant ici que le réseau internet, en tant que milieu technique industriel, constitue *structurellement* un milieu associé, là où jusqu'à présent les dispositifs technologiques issus de l'industrialisation étaient structurellement des facteurs de dissociation. C'est cette nouveauté qui doit faire l'objet d'une politique et qui rend possible la mise en œuvre d'un autre modèle industriel – pour autant cependant qu'une puissance publique veille à ce que les technologies R n'instrumentalisent pas le milieu associé numérique dans le sens des possibilités inédites de dissociation qu'il offre aussi.

Internet, qui est devenu la nouvelle infrastructure hypomnésique mondiale, qui va désormais se réticulariser et se capilariser en tous lieux, par l'intermédiaire

---

1. Le profilage de l'utilisateur est précisément ce qui tend à le figer dans un comportement en l'enfermant dans une catégorie de comportements collectifs, et par là, ce qui tend à court-circuiter le processus de transindividuation par lequel en principe les comportements psychiques contribuent à la formation de comportements collectifs.

des objets communicants et des liaisons wi-fi, et, à une échéance plus lointaine, par les nanotechnologies qui constitueront *un nouvel âge technologique et biométrique des corps et des esprits*, est par excellence le milieu technique qui permet de mettre en œuvre un modèle industriel reposant non plus sur une *opposition* des producteurs et des consommateurs ainsi dissociés, mais sur une *association* des destinataires et des destinateurs, productrice d'une nouvelle forme de socialité et d'un nouvel esprit du capitalisme (en attendant le remplacement de celui-ci par une autre forme de société) : les milieux dissociés tendent à devenir asociaux, là où les milieux associés sont les conditions d'une vie en société, urbaine, civile et policée.

5. *Les technologies R et les nouveaux appareils de l'esprit*

Un processus d'individuation suppose que soient *cultivés* des milieux sociaux – c'est-à-dire des milieux associés. L'individuation ne peut advenir que comme développement de savoirs – qu'il s'agisse de savoir-vivre, de savoir-faire ou de savoir théorique. Si l'économie des services repose sur le développement des appareils de contrôle, ceux-ci sont également de nouvelles formes de l'*hypomnésis* et des *hypomnémata :* actuellement exclusivement mises au service de la désindividuation des existences, auxquelles sont substitués des modes d'emploi, ces technologies hypomnésiques, dites d'information et de communication, que sont les technologies des industries culturelles et cognitives mises en œuvre dans les milieux dissociés comme technologies de contrôle, ou « technologies R »[1], sont cependant des technologies *de l'esprit* : correctement socialisées, c'est-à-dire mises en œuvre comme supports de nouveaux types de processus d'individuation psychique et collective, elles seraient non pas les causes de pertes d'individuation, c'est-à-dire de savoirs, mais les sources de nouveaux types d'individuation, c'est-à-dire de nouvelles formes de savoirs.

En analysant, avec Nicolas Donin, dans le domaine de la musique, les effets de ce que nous avons appelé « le tournant machinique de la sensibilité », nous avons tenté de montrer comment se sont produites des pertes de savoirs musicaux du côté des destinataires, c'est-à-dire des auditeurs, avec les nouveaux appareils hypomnésiques (analogiques) que furent les phonographes, mais aussi comment de nouvelles formes musicales et de nouvelles pratiques d'amatorat sont nées de ces mêmes appareils, dont le jazz est un exemple particulièrement éloquent : l'en-registrement y devient un instrument d'écriture et fait émerger un processus d'individuation psychique et collective[2].

Les appareils avec lesquels s'opère le tournant machinique de la sensibilité sont cependant les bases des technologies R et ce qui rend possible l'économie de services. En tout premier lieu, ils permettent la *canalisation de l'attention* par les industries culturelles, qui sont en cela les premières formes d'industries de services : le service est ici ce qui consiste à prendre en

---

1. Cf. ci-dessus, note 1, p. 50.
2. Cf. *De la misère symbolique 2, op. cit.*, p. 28.

charge le temps individuel lui-même, à *décharger l'individu de son temps* et à distraire le consommateur qu'il est devenu (comme ce serviteur très particulier qu'était le bouffon distrayant le roi). Cette première activité de service se nomme l'industrie du loisir, qui nous a elle-même confirmé – par la voix tonitruante de Patrick Le Lay – que cette distraction de l'attention du consommateur (du « client-roi »), qui est son détournement (tel est aussi le sens du verbe distraire en effet : subtiliser, dérober, voler), a pour but *exclusif* de rendre ce temps individuel disponible aux prescriptions de consommation, c'est-à-dire de *le priver de son libre arbitre* et de substituer à celui-ci un *conditionnement constant, systématique et massif* – qui ne pourra que s'aggraver comme contrôle des temps et des espaces intersticiels de mobilité avec les objets communicants et les nanotechnologies si aucune politique des technologies de l'esprit n'est entreprise par une nouvelle puissance publique pour faire de ce nouveau danger de dis-sociation la possibilité d'un nouveau type de milieu associé.

Or, le « service » qui est « offert » par les industries culturelles, et qui décharge les individus de leur temps, est aussi celui qui prend en charge « l'éducation des enfants », c'est-à-dire, pour parler clair et franc, qui tend à faire de ces enfants une jeunesse désemparée, grégaire, impulsive, c'est-à-dire pulsionnelle et d'autant moins cultivée qu'elle est surinformée – et en réalité dé-formée par la saturation cognitive et affective, désaffectée par l'hypersollicitation de ses affects, condamnée par la dissociation au devenir-informe et amorphe de l'individuation collective, sinon à la pure désindividuation sociale. Il faut ici regarder la réalité en face : cette tendance, même si elle rencontre heureusement des contre-tendances, qui trouvent dans les technologies associatives réticulaires telles que les blogs de nouveaux supports (mais qui sont aussi systématiquement investies et détournées par les industries culturelles qui en font des instruments *encore plus puissants* de dissociation et de destruction des circuits de transindividuation, ainsi de la radio Skyrock et de ses Skyblogs), c'est ce qui mène vers la *liquidation des liens sociaux*, c'est-à-dire vers la *guerre de tous contre tous* – et qui met ces technologies au service de la misère spirituelle absolue :

> À Nice, fin 2005, les images du viol d'une collégienne ont été montrées par l'agresseur, mineur, sur son portable, au sein de l'établissement. La jeune fille était montrée en train de faire une fellation sous la contrainte. « C'est affreux pour la victime, qui a appris qu'une photo circulait », raconte Michel Redon, vice-procureur de Nice [1].

Cette tendance est ce qui conduit au *capitalisme pulsionnel*.

J'ai soutenu ailleurs que, dans le cas du service qui, par l'intermédiaire de l'industrie culturelle télévisuelle, décharge de leur temps non seulement les individus, mais aussi les familles, elle consiste avant tout à *détourner vers la télévision le processus d'identification primaire par lequel les enfants héritent de leurs parents leur capacité à devenir ce qu'ils sont*, c'est-à-dire à réguler leurs identifications secondaires à travers lesquelles ils se trans-forment en adoptant de nouveaux modes de vie.

---

1. Luc Bronner et Mustapha Kessous, *Le Monde*, 29 avril 2006.

Ici, la dis-sociation consiste autrement dit, comme *processus de DÉSUBLIMATION*, à liquider non seulement la famille, mais la *psyché* elle-même.

6. *Sortir du capitalisme pulsionnel et lutter contre son devenir-barbare*

On nous dit aujourd'hui qu'un nouveau type d'économie est en train d'émerger, dont les entreprises de services sont un élément de base, reposant sur une industrie de la connaissance, formant un capitalisme cognitif que l'on qualifie aussi de « culturel », et fondant une nouvelle forme de société, la société de savoir. Or, cette nouvelle économie basée sur le savoir et tant attendue n'advient pas. Et elle n'adviendra pas tant que perdurera le modèle industriel caduc qui repose sur une économie de milieux dissociés.

L'économie des milieux dissociés se maintient aujourd'hui parce que les rentes de situation de grands acteurs économiques tirent précisément leurs profits de cette dissociation et n'ont pas intérêt, à court terme, à voir le monde changer. Ils ont pourtant tort à long terme y compris pour leurs propres intérêts : ce système, dont ils profitent à outrance en se faisant par ailleurs une guerre économique dont des victimes économiques « civiles » subissent les conséquences néfastes par milliards et dans le monde entier, est devenu irréversiblement *auto*destructeur.

Il y a déjà bien longtemps que le capitalisme repose sur le contrôle des concepts et des affects, qui passe par les technologies culturelles et les technologies cognitives, ces technologies R que Deleuze avait désignées sous le nom de technologies de contrôle, dans des sociétés de contrôle dont il précisait aussi que le principal instrument en était la télévision[1]. Ce contrôle détruit à présent l'espace et le temps publics, et c'est pourquoi il engendre des sociétés incontrôlables : il conduit à la liquidation du désir, c'est-à-dire à une économie qui est de moins en moins libidinale et de plus en plus pulsionnelle.

Le capitalisme est une économie libidinale qui, en généralisant la dissociation, détruit le désir, c'est-à-dire l'*énergie* qu'est la libido : il détruit le social en tant que *philia*. La *philia*, comme forme la plus socialement sublimée de la libido et, en cela, comme organisation et résultat de la transinviduation en tant qu'affect commun, est le nom qu'Aristote donne à ce que j'appelle ici l'*association* que produisent les milieux associés. On peut aussi nommer cela la *société* en tant que telle.

Le capitalisme est une économie libidinale en premier lieu dans la mesure où *toutes* les sociétés humaines sont des dispositifs de canalisation et de socialisation des énergies libidinales qui traversent les existences qui s'y constituent comme rôles définis par des organisations sociales productrices de civilités et autres formes de savoir-vivre. Cette canalisation, qui est en cela un détournement, est ce qui trans-forme les pulsions en

---

1. Cf. G. Deleuze, « Lettre à Serge Daney : optimisme, pessimisme et voyage », *Pourparlers*, Minuit, p. 97 sq.

libido précisément par le fait de les détourner de leur satisfaction immédiate en tant que pulsions[1].

La libido est la socialisation de l'énergie produite par la pulsion sexuelle, mais telle que, comme *désir*, cette pulsion est trans-formée en objet *sublimable :* en objet d'amour – amour de l'autre existence, c'est-à-dire amour comme *attention passionnée* à l'existence d'un ou d'une autre, ou amour comme *passion et patience* pour les *consistances*, c'est-à-dire pour les *objets qui n'existent pas, et qui, pourtant, donnent aux existences ces savoirs sublimes* par lesquels s'*ouvrent* le *faire*, le *vivre* et cette forme très particulière d'attention que l'on appelle la *contemplation* (*theorein*), consistances dont procèdent donc savoir-faire, savoir-vivre et savoirs théoriques, et où se projettent les diverses formes de l'*amour du savoir* (appelé, lorsqu'il est pris et contemplé dans son ensemble, *sophia* – et l'on parle alors de philosophie), amour de la science et amour de l'art.

La libido, sous toutes ses formes, et ces formes sont toujours en quelque façon sublimées, et en cela sublimes, est *ainsi* (c'est-à-dire *à la condition de pouvoir projeter des horizons de consistances*) de l'énergie pulsionnelle trans-formée en énergie sociale. Autrement dit, la trans-formation des modes de vie est l'histoire de la libido en tant que processus de sublimation. Or, lorsque la transindividuation est court-circuitée par le détournement de l'attention et la destruction des formes spontanées de l'identification primaire aux

---

[1]. Cette économie de la différance originaire est analysée à travers un commentaire critique de *Éros et civilisation*, de H. Marcuse, dans *Mécréance et discrédit 3, op. cit.*

parents et aux proches par les industries culturelles, cette trans-formation devient une dé-sublimation.

Il en va ainsi parce que la libido est ce qui articule, compose, équilibre et métastabilise des tendances opposées – et la libido est évidemment *aussi* en cela, et dans son premier moment, une énergie *désocialisante* : il y a dans le social une dynamique qui procède d'une *contradiction intrinsèque à cette énergie*, et qui lui donne son dynamisme – et c'est pourquoi il faut parler d'économie. Le désir se présente tout d'abord comme présocial, et souvent comme *anti*-social, « non conformiste », et en tout cas, et toujours, réalité *intime*, c'est-à-dire *non publique*. Mais ce moment intime où seulement le désir peut éclore et naître, comme dans un nid, et qui est celui de l'individuation psychique, conduit toujours déjà à l'ouverture d'un collectif, à un devenir-social, que ce soit comme constitution d'un couple, ou comme savoir qui ne consiste que par son partage et sa circulation, ou par toute autre forme de sublimation, qui toujours aboutit à un échange symbolique : à un milieu as-socié.

L'économie libidinale *économise*, et c'est par cette économie qu'elle se *socialise* : elle *diffère* le moment de la satisfaction du plaisir, et c'est dans cette « différance » que le plaisir, qu'il ne faut pas confondre avec la jouissance, se constitue – et il ne s'oppose donc pas au principe de réalité dont Freud fait, avec le principe de plaisir, un principe dynamique, mais qui n'est dynamique que pour autant qu'il compose avec ce qui se présente en apparence comme son contraire. Tel est le premier raisonnement de Freud. Mais à partir de 1920, il ne raisonne plus en termes de principes, mais de pulsions, c'est-à-dire de tendances que le désir économise en les articulant, en les liant, en les composant : il s'agit alors de la pulsion de vie et la pulsion de mort telles que le désir les trans-forme en pouvoir de liaison, c'est-à-dire d'attention, de civilité, de civilisation, comme le dit Freud lui-même. Jusqu'à ce que, cependant, survienne un *malaise* dans cette civilisation, et dans l'analyse duquel et de laquelle Freud pressent l'avènement du *nazisme*.

Or, ce malaise, qui est celui de la société industrielle, est aussi et déjà, en 1930, celui du capitalisme comme économie libidinale – même si Freud ne le pense pas comme tel. Car *plus que toute autre énergie*, c'est la libido *comme pouvoir de trans-formation* qui fait fonctionner le capital : ce n'est pas le pétrole, le charbon, l'uranium, ce ne sont pas la machine à vapeur, le moteur Lenoir ou l'électricité qui font « marcher » le capitalisme, ce n'est même pas l'intelligence – sinon dans cette mesure où l'intelligence, et la connaissance qui en procède, est, *comme fruit de l'esprit*, l'une des *productions de la libido* : c'est le *désir* qui constitue l'énergie capitaliste, c'est-à-dire son dynamisme[1].

C'est donc la *motivation*, autre nom du désir, qui fait fonctionner le capitalisme – la motivation de l'entrepreneur, du producteur, de l'investisseur et du « consommateur ». Or, la motivation est ce qui est produit par des motifs, qui sont eux-mêmes des objets du

---

1. Et ce, dans la mesure où l'énergie, *energeai* ou *entelekheia*, est ce qui fait passer à l'acte la puissance d'individuation originale que constitue le capitalisme comme époque *technologique* (et non plus seulement technique) de l'adoption des nouveaux modes de vie.

désir : qui sont les objets que le désir est capable de projeter, et comme son avenir. Le capitalisme est une machine à produire des motifs (que Bergson appelle aussi « des dieux »), c'est-à-dire, tout aussi bien, des fantasmes : des objets qui n'existent pas – ni plus ni moins cependant que les objets du désir en général, y compris sous ses formes les plus sublimes, appelées les « idéalités ».

Le problème est que le capitalisme produit ses motifs dans des conditions telles – celles qu'induisent les technologies de contrôle des affects et des concepts, celles des milieux dis-sociés – que ces motifs se trans-forment et se renversent en *immotivé* : en indifférence, puis en désaffection, et finalement, non seulement en absurdité et en dégoût, mais en hostilité et même en colère, voire en haine et en fureur. Le capitalisme, qui est une énorme économie de la motivation, est une mise en œuvre de techniques de fabrication de la motivation telles qu'elles sont devenus contre-productives[1] : elles ont tellement exploité l'énergie libidinale que cette exploitation a détruit ce qu'elle exploitait – comme il advient de toutes sortes de *milieux exploités* : il arrive un moment où le filon de l'exploitation est épuisé.

Le problème est cependant ici que la libido est, comme énergie, ce qui *nous* constitue : épuiser la libido, c'est *nous* épuiser. Et le capitalisme apparaît ici, en tant qu'il généralise les milieux dis-sociés, comme ce qui est devenu le principal facteur de destruction du *nous*. Épuiser la libido, c'est épuiser ce qui constitue le

---

1. Cf. *Constituer l'Europe 2. Le motif européen*, Galilée, 2005, chap. 1 et 2.

lien social, à commencer par le lien familial – c'est détruire cette *philia* dont Aristote fait la base de la cité comme civilité, entendue ici comme *attention des uns pour les autres*, c'est-à-dire comme *affection politique*, laquelle est aussi, comme *affectio societatis*, la condition de possibilité de ces *sociétés anonymes* que la financiarisation du capitalisme industriel est en train de détruire à grands pas.

Autrement dit, l'exploitation illimitée et destructrice de la libido comme énergie est la *destruction de l'humain*, et, comme règne de la bêtise et du cynisme induits par la misère symbolique et spirituelle, c'est *l'ère de l'inhumain* qui apparaît lorsque, l'énergie libidinale ayant été détruite par l'économie libidinale capitaliste, et le désir étant anéanti comme pouvoir de liaison des pulsions, le capitalisme devient littéralement pulsionnel, et en cela absolument *barbare*, et non seulement sauvage : dénué de toute civilité, c'est-à-dire aussi de tout esprit, et il faut ici entendre « dénué d'esprit » au sens de devenu intrinsèquement et mentalement *débile*.

Un tel capitalisme n'a aucun avenir parce qu'il ne produit aucun « désir d'avenir » : c'est ce stade *pulsionnel* du capitalisme qui conduit vers son devenir-barbare et intrinsèquement débile, et qui fait le lien entre le 11 septembre 2001, Richard Durn le 26 mars 2002 et le vote pour le Front national en France le 21 avril de la même année – mais aussi de tant d'autres passages à l'acte advenus depuis.

Dès lors, la *première* question est moins celle de savoir si de futures sociétés de services, conçues en Chine ou ailleurs, vont pénétrer les économies de la France, de l'Europe ou de l'Occident en général (et pour autant qu'il existe encore quelque chose de tel, « l'Occident »), que de prendre la mesure de ce qui se sera passé, au cours du XXe siècle, et au sein même de l'Occident, par le développement d'un capitalisme qui est devenu autodestructeur et par là même destructeur de l'Occident aussi bien que de la planète tout entière au moment où les industries de service, en généralisant les milieux dissociés, et en détruisant ainsi les processus d'individuation psychiques et collectifs, détruisent le désir même.

Le désir est l'énergie qui, sous toutes sortes de formes sociales qu'elle engendre et dans lesquelles elle se trans-forme, fournit aux processus d'individuation en général leur principe dynamique le plus profond, le plus constant et le plus précieux – mais aussi le plus fragile, et c'est la raison pour laquelle *les sociétés traditionnelles ou urbanisées sont essentiellement organisées en vue de prendre soin de cette énergie*, qu'elles l'appellent *philia*, *éros*, *agapè*, *caritas*, motivation ou *mana*.

L'homme de la société hyperindustrielle, c'est-à-dire de la société de contrôle, voit une part toujours plus grande de ses comportements sociaux prise en charge par le système techno-économique, en sorte qu'il se trouve toujours plus dépossédé d'initiatives et de responsabilités, tandis qu'il ne cesse d'être infantilisé (et par là même coupé de ses enfants, qui ne trouvent plus en lui *aucune* autorité) par les industries culturelles qui ont pour fonction de lui faire adopter de nouveaux « modes de vie » qui sont essentiellement des *modes d'emploi* remplaçant et court-circuitant ses savoir-vivre.

Lorsqu'elle devient la principale source de revenu du capital dans les sociétés hyperindustrielles, et est mise en œuvre par une économie tendant à devenir majoritairement une activité de services, cette décharge de l'individu de ses tâches et responsabilités communes et quotidiennes tend à devenir une désindividuation, c'est-à-dire à éliminer toute forme d'*expérience* – s'il est vrai que l'expérience est toujours en quelque façon celle du singulier, rencontré dans la pratique, et que les modes d'emploi ont précisément pour fonction d'éliminer[1]. Autrement dit, ce que Rifkin a appelé la marchandisation de l'expérience est la destruction de cette

---

1. Un jour viendra où l'on pourra fournir au pilote automatique de son véhicule automobile l'adresse où l'on voudra se rendre et où l'on n'aura plus à conduire – où l'on désapprendra donc à conduire. On pourrait imaginer que le temps de ce trajet soit consacré à une activité plus enrichissante que la conduite automobile. Cependant, l'organisation industrielle actuelle ne va pas du tout dans ce sens : elle vise plutôt à profiter de la libération de l'attention du conducteur, qui était jusqu'alors occupée par la conduite automobile, et à faire de ce temps interstitiel un temps supplémentaire de « cerveau disponible ».

Depuis son origine même, et comme son origine même, l'homme ne cesse d'être trans-formé par un processus d'extériorisation au cours duquel il transfère les savoirs accumulés par les générations qui l'ont précédé vers des techniques toujours nouvelles. Au cours des millénaires, ce processus a d'abord été si lent qu'il n'a pas été conscient, mais nous le considérons après coup comme l'histoire par excellence du progrès des savoirs humains, que nous appréhendons d'abord comme le progrès des savoir-faire, c'est-à-dire des techniques elles-mêmes. Puis est advenue la révolution industrielle, et le processus, en s'accélérant, est devenu conscient, et a été essentiellement vécu comme une libération par rapport aux tâches fastidieuses : c'est alors qu'il a été appelé le progrès. Au XXe siècle, en particulier après la Deuxième Guerre mondiale, il a permis de faire émerger une classe moyenne élargie, dotée d'un pouvoir d'achat et pouvant ainsi acquérir des biens manufacturés améliorant la vie quotidienne, tels les appareils électroménagers, libérant les ménagères (et les ménages) des

expérience dans la stricte mesure où l'exploitation de la libido est ce qui anéantit le désir.

7. *Le sursaut : entreprendre autrement*

La question n'est pas de s'opposer à des modes de vie venus de l'étranger : les sociétés ont très souvent franchi (sinon toujours) les plus grands bonds dans le processus de leur individuation précisément *par cette voie*. En revanche, la question est de *redéfinir les conditions dans lesquelles sont formés les nouveaux modes de vie et trans-formés les modes de vie existants*. Ces conditions peuvent et doivent être *localement* organisées, et comme ce qui capte et trans-forme les flux déterritorialisés ; elles constituent alors la question d'une *méta-transformation :* non pas celle de savoir comment on se transforme, mais comment on trans-forme les conditions de l'individuation en tant que, comme processus d'adoption, elle permet ou ne permet pas la trans-formation – étant entendu que toute trans-formation n'est pas bonne : *la trans-formation peut aussi conduire au pire*. Et c'est précisément le cas lorsqu'elle devient

---

contraintes domestiques.

Ce sont ainsi toutes les tâches, en général, qu'elles soient professionnelles ou privées, qui se sont trouvées transférées du comportement individuel ou collectif vers un dispositif technique ou économique le prenant en charge. Mais dans ce processus de transfert, individus psychiques et groupes sociaux se sont progressivement trouvés dépossédés de toute possibilité de participer à l'évolution de leur existence – et *cette dépossession est sans doute aussi grave que celle des droits politiques*.

dis-sociante, c'est-à-dire dés-individuante, pulsionnelle, et finalement barbare et intrinsèquement débile.

C'est parce que la trans-formation peut conduire au pire qu'il faut maintenir et préserver les conditions d'une méta-transformation définissant ou élargissant les *limites* de toutes les trans-formations possibles, et en sorte qu'elles constituent un *meilleur*. Les conditions de toutes les trans-formations possibles, en tant qu'elles forment un dispositif de méta-transformation local, sont les transformations du processus d'individuation lui-même en tant que processus d'adoption.

Que la trans-formation qui peut conduire vers le meilleur puisse aussi conduire au pire tient d'abord au fait qu'elle incline spontanément à la régression, c'est-à-dire au retour vers le pulsionnel élevé par le désir au niveau d'un principe de liaison : la possibilité *tentante* du pire procède d'une *tentation fondamentale* dans l'individuation, telle que

> la tentation, c'est le dédoublement de personnalité prêt à se produire, au moment où l'être sent qu'il va laisser son effort et sa tension se relâcher pour tomber à un niveau plus bas de pensée et d'action. [...] La présence du transindividuel fait alors défaut. [...] La chute à un niveau inférieur ne pourrait causer à elle seule le dédoublement, s'il n'y avait pas en même temps une excentration du système de références. Si les valeurs basses étaient dans un rapport analogique par rapport aux valeurs hautes, s'il n'y avait qu'un saut vertical d'un niveau à l'autre, la profonde désorientation qui surgit dans la tentation ne se manifesterait pas [1].

---

1. G. Simondon, *L'Individuation psychique et collective, op. cit.*, p. 162.

Le *sentiment* du pire, c'est alors celui de cette perte du *centre* qui advient dans ce qui apparaît ici comme un contresaut, un saut en arrière où est *perdu* le centre, c'est-à-dire le *point de gravité* qui doit venir *métastabiliser toutes les trans-formations* pour qu'elles ne détruisent pas *le processus d'individuation lui-même*.

C'est là précisément la *fonction de l'identification primaire parentale* – et plus généralement, c'est la *fonction du surmoi*.

La définition d'une méta-transformation est celle d'un *nouveau modèle d'individuation* capable d'engendrer un nouveau style de modes de vie et de se tenir éloigné du pire *qu'il recèle*, c'est-à-dire de *produire un surmoi par une critique du surmoi* hérité des modes de vie antérieurs.

Ici, le rapport de l'Europe à l'Amérique du Nord est capital : celle-ci a inventé *une nouvelle façon de transformer les modes de vie*, elle a formé un nouveau mode de vie *en inventant des modes de trans-formation*, formant ce qu'elle a elle-même appelé *the american way of life*.

Cependant, ce modèle, dont l'Europe aurait tant à apprendre si elle cessait de tenter de le mimer précisément sans le comprendre, et sans en comprendre les limites, ce modèle, qui a mis au point *systématiquement* la dis-sociation, est totalement épuisé : il est devenu profondément toxique[1], et, à la société *policée*, il a substitué la société *policière* et les communautarismes confessionnels – car c'est en réaction à la dissociation qu'il a généralisée et exportée dans le monde entier que

---

1. Cf. *Mécréance et discrédit 2, op. cit.*, p. 121, et *Mécréance et discrédit 3, op. cit.*, p. 114.

les intégrismes se sont développés, soit en son propre sein, soit comme son dehors menaçant.

En même temps, c'est en Amérique que se cherche et s'invente une relance des milieux associés. C'est l'Amérique qui a su tirer parti des innovations européennes pour créer les technologies du web, tandis que les États européens, les industriels européens et la Commission européenne lui emboîtaient laborieusement le pas, la mimaient et s'inféodaient à elle sans être seulement capables de penser la socialisation de leurs propres inventions. Un grand nombre des innovations technologiques majeures des dernières décennies vient d'Europe, mais ce sont les États-Unis qui en tirent parti précisément parce qu'ils ont une politique de l'adoption et de la trans-formation qui exploite le potentiel de recherche publique européen à son profit, le capitalisme *européen* s'en montrant la plupart du temps *incapable*, et l'Europe subventionnant ainsi le capitalisme *américain*.

Cependant, la question est désormais, pour l'Europe et pour le monde, d'inventer un nouvel âge de l'industrie des services, qui permette de reconstituer un processus d'individuation, c'est-à-dire de lutter contre la désindividuation, contre le pire autrement dit, et qui dépasse ce qui constitue, précisément comme désindividuation généralisée, la *limite* du capitalisme hyperindustriel.

On ne cesse de nous dire que la vie est désormais entièrement soumise au dynamisme économique et entrepreneurial des industries et des sociétés privées qui inventent chaque jour de nouveaux services, basés sur de nouvelles innovations, et que ce devenir, où l'on sent bien qu'un monde disparaît, est un terrain de lutte où il y aura des gagnants et des perdants. On nous dit que les perdants seront les Européens, et surtout, en Europe, les Français, tandis que les gagnants seront les pays plus flexibles, à l'est de l'Europe, ou en Asie. Or, les perdants sont les consommateurs *partout* dans le monde, plutôt que « les Chinois » contre « les Occidentaux », ou encore « les Américains » contre « les Européens » – tandis que l'on se demande s'il y aura encore, à long terme, des rôles « gagnants », s'il est vrai que ceux qui sont censés jouer ces rôles et gagner seront peut-être, à ce terme, sinon à brève échéance, tout aussi perdants, que ce soit pour cause de catastrophe économique ou parce qu'eux-mêmes, et *leurs enfants, et leurs proches*, souffrent déjà et souffriront *de plus en plus* de la pollution, physique et mentale, des milieux sociaux et « environnementaux » intoxiqués où règnent la bêtise et le cynisme (c'est-à-dire aussi la violence sous tant de formes).

On ne peut pas plus échapper à la bêtise et au cynisme, c'est-à-dire à la perte d'individuation et du sentiment d'exister, qu'on ne peut arrêter le nuage de Tchernobyl aux frontières de l'est de la France. Dissociés, les milieux sociaux sont désormais gravement pollués, l'air aussi bien que les esprits, et ils le sont *partout : personne* ne peut y échapper – comme on le voit à la tête des gouvernements –, par l'incurie et les comportements irresponsables des gouvernants, et c'est là un état de fait particulièrement effrayant, et *tout particulièrement en France*. Là est désormais la limite. Dès lors, on se demande si, à la théorie managériale ou économique du gagnant/gagnant (*win/win*), n'est pas en train de s'imposer la réalité contraire d'une tendance perdant/perdant : une *tendance à la désindividuation* telle que *tout le monde* ne peut qu'y *perdre* au final, ce qui requiert donc un sursaut, mais ce qui constitue aussi, peut-être, et pour cette raison même, la possibilité de ce sursaut : la possibilité d'identifier un *intérêt général* et un *bien public*, suscitant une *concorde*, et justifiant une *rupture*.

C'est pourquoi, s'il faut en effet entreprendre, s'il faut *fonder des entreprises* et *encourager des comportements entreprenants* — mais il faut pour cela un *esprit d'entreprise*, et qui ne soit pas un « mauvais esprit », un « esprit débile », pas plus d'ailleurs qu'un « esprit servile » —, la question est peut-être de *refonder l'entreprise humaine en général.*

Les êtres humains sont *spontanément* entreprenants : ex-sister, c'est-à-dire se projeter hors de soi (ce qu'est toujours une ex-sistence), c'est *déjà* entreprendre — et apprendre, comprendre, et, parfois, surprendre. Il y a à l'origine de *toute* affaire humaine une volonté d'entreprendre. Mais il arrive qu'il faille ENTREPRENDRE DE FONDER. Il arrive, pour le dire autrement, que *l'entreprise humaine, c'est-à-dire l'individuation psychique et collective*, l'individuation telle qu'elle est toujours l'affaire du collectif — et une entreprise est toujours de près ou de loin prise dans le collectif, raison pour laquelle les entreprises sont aussi des sociétés —, se trouve *bloquée* parce qu'elle a atteint une limite, parce qu'elle est devenue une entreprise inhumaine, et qu'elle doive *sauter* un pas parce que ce qui l'a conduite à cette limite est aussi ce qui lui ouvre une possibilité de refonder son entreprise, et lui impose un sursaut, c'est-à-dire, en effet, une rupture.

8. Grammatisation et individuation hier, aujourd'hui et demain

Il faut un sursaut qui vienne contrecarrer la « baisse de la valeur esprit ».

Or, celle-ci, qui est causée par ce que, dans *Ars Industrialis*, nous appelons les technologies de l'esprit[1], mais en tant qu'elles sont réduites aujourd'hui à la fonction de technologies de contrôle, ne peut être combattue que par ces mêmes technologies. Cette situation, où le poison est le remède, constitue la question de ce que, à propos de l'écriture, en tant qu'elle permet l'extension de la mémoire et en même temps ce qui détruit cette mémoire, Platon[2], et après lui Derrida, ont appelé le *pharmakon* – ce dont j'ai proposé une nouvelle analyse, dans *Mécréance et discrédit 3. L'esprit perdu du capitalisme*, comme constituant la question d'une *sociothérapie*, c'est-à-dire du *soin* pris à l'individuation. La question de ce soin, qui est la question politique par excellence, ne peut être abordée que comme la question d'une *économie* politique dans la mesure où elle passe par les *hypomnémata*, c'est-à-dire par les techniques et les technologies, et en conséquence, de nos jours, par l'industrie.

---

1. Cf. *infra*, p. 27, et *supra*, p. 146-150.
2. Platon, *Phèdre*, suivi de Jacques Derrida, « La pharmacie de Platon », GF-Flammarion, 1986.

Or, les technologies de l'esprit *comme poison et comme remède* procèdent du *processus de grammatisation*[1] qui accompagne et surdétermine toujours le processus d'individuation en tant que celui-ci constitue un processus d'adoption (de modes de vie, de techniques, de migrants, etc.).

Le processus de grammatisation est ce autour de quoi, au fil des siècles et des millénaires, se constituent ou se reconfigurent les civilisations. C'est ce à travers quoi, lorsque ces civilisations, qui sont mortelles, atteignent leurs limites, et se bloquent, et deviennent inhumaines, l'entreprise humaine se refonde : c'est le processus par lequel sont engendrés les dispositifs hypomnésiques. C'est de lui qu'est advenue la société politique en tant que telle tout aussi bien que les économies marchandes sous toutes leurs formes.

Ceux que les Grecs anciens appelèrent les fondateurs de cités (les « nomothètes »), c'est-à-dire les premiers hommes politiques, Thalès, Solon, et ceux qui furent appelés les Sages (ancêtres de ceux qui ne se dirent plus, par la suite, à l'époque des sophistes, que des *amis* de la sagesse : des *philo*sophes), ceux-là entreprirent de *fonder un nouveau processus d'individuation psychique et collective*, à laquelle ils donnèrent le nom de *polis* – ce que les Romains appelèrent ensuite *civitas*. La *polis*, ou cité, est ce qui produit une forme de vie policée, une civilité, une urbanité (*urbs*).

Dans ce processus d'individuation politique se forment un espace et un temps *publics* qui sont rendus possibles par l'apparition d'une nouvelle forme d'écriture, une mnémotechnique, une *hypomnésis* provenant

---

1. Cf. *supra*, p. 46, et *infra*, p. 151.

elle-même d'une forme hypomnésique antérieure, celle des Grands Empires, des Empires hydrauliques où l'écriture permettait de contrôler les crues des fleuves, les flux et les stocks de marchandises, et le travail des esclaves, par l'intermédiaire de scribes spécialisés dans la protection du pouvoir basilique ou pharaonique.

Or, ces *hypomnémata*, des siècles durant au service d'un pouvoir royal de plus en plus figé, puis passant par les Phéniciens avec lesquels les formes hypomnésiques se transformèrent profondément, devinrent, en Grèce ancienne, le principe d'un nouveau processus d'individuation, *c'est-à-dire d'un nouveau* RAPPORT *entre le psychique et le collectif* : le citoyen y devint un nouveau principe dynamique par lequel les Grecs transformèrent rapidement tout le bassin méditerranéen – de la Grande Grèce (VIIe siècle av. J.-C.) à l'Empire d'Alexandre (IVe siècle av. J.-C.).

C'est ce processus complexe – qui constitue, à l'échelle de la protohistoire, et *a fortiori* de la préhistoire, une accélération sans précédent de la transformation des modes de vie en quoi consiste le processus d'individuation qui commande l'entreprise humaine – qu'évoquaient Simon Nora et Alain Minc lorsque, cherchant à comprendre ce qui advenait à la fin des années 1970 avec ce qu'ils appelèrent alors l'informatisation de la société, ils écrivaient que,

> lorsque les Sumériens inscrivaient les premiers hiéroglyphes sur des tablettes de cire, ils vivaient, sans probablement la percevoir, une mutation décisive de l'humanité : l'apparition de l'écriture. Et pourtant [bien qu'ils n'eussent pas conscience du fait de cette

mutation], celle-ci allait changer le monde. Aujourd'hui, l'informatique annonce peut-être un phénomène comparable. Les analogies sont frappantes : extension de la mémoire ; prolifération et mutation des systèmes d'information ; modification éventuelle des modèles d'autorité[1].

Cette hypothèse appelle les remarques suivantes :

1. L'apparition de l'écriture s'étend sur une très longue période du processus de grammatisation, au cours de laquelle se stabilisent des dispositifs hypomnésiques formalisant les échanges symboliques, et aboutissant à la notation scripturaire et littérale du langage, c'est-à-dire : du milieu associé le plus relationnel et le plus commun. C'est ainsi l'as-sociation qu'est le fait linguistique comme processus d'individuation qui change de nature. Mais tout d'abord, cette trans-formation du milieu associé aboutit à la constitution d'une dis-sociation de l'individuation : les écritures dites hiératiques et plus généralement hiéroglyphiques et idéogrammatiques, qui ne discrétisent pas encore le flux linguistique comme tel, font apparaître une classe de scribes par laquelle le roi ou le pharaon deviennent le *principe unique* de l'individuation. Les fondateurs de cités inventent au contraire un processus d'individuation où les rapports de l'Un et du Multiple se trans-forment en vue de *reconstituer un milieu as-socié*, mais par une trans-formation du rapport au langage que vient discrétiser l'écriture littérale : la *polis* est une association en ce sens qu'elle trans-forme le milieu associé

---

1. Simon Nora, et Alain Minc, *L'Informatisation de la société*, Seuil, coll. Points, 1978, p. 116.

linguistique, et le met par là même, c'est-à-dire en tant que *principe d'association*, au cœur de la vie de la cité qui constitue en cela le nouveau processus d'individuation.

Au cours de cette période antique par laquelle l'entreprise humaine passe de la protohistoire à l'histoire, et qui couvre plusieurs millénaires, le processus d'individuation psychique et collective connaît donc deux grandes époques antiques entre lesquelles se produit une rupture en relation directe avec les trans-formations du processus de grammatisation : dans les sociétés impériales, les individus sont soumis au pouvoir royal autocratique qui contrôle l'individuation collective en totalité, le roi ou le pharaon incarnant le principe dynamique que l'on appelle aussi dynastique (ou basilique) ; dans la *polis*, l'individuation *psychique* des *omoïoï*, c'est-à-dire des citoyens en tant qu'ils sont égaux dans et devant le milieu associé qu'est la langue, et que les Grecs appellent dès lors le *logos*, devient le principe dynamique de l'individuation *collective*, et renverse le principe dynastique ou basilique – le milieu associé ayant été grammatisé et étant ainsi devenu celui de l'hypomnèse.

2. Dans la société politique grecque, la question de la grammatisation fait l'objet d'une thématisation explicite : c'est la question de l'*hypomnésis* que, dans *Phèdre*, la philosophie pose comme *l'enjeu d'un combat contre la sophistique*. Et il en va ainsi parce que l'écriture, s'il est vrai qu'elle constitue la condition de la citoyenneté, c'est-à-dire du nouveau processus d'individuation, et forme en cela le cadre de la méta-transformation où la cité s'invente, et avec elle, la civilité et

l'être policé comme *tekhnè tou biou*, c'est-à-dire comme art de vivre dans ce nouveau type d'individudation, l'écriture, qui est ce *pharmakon*, ce remède par lequel le processus d'individuation prend soin de lui-même, et lutte contre le poison qui menace de le détruire du sein même de son dynamisme, est donc *aussi* ce poison qui permet aux sophistes de manipuler l'opinion, c'est-à-dire, précisément, de détruire ce dynamisme pour en faire une puissance dia-bolique, ruinant le symbolique : une puissance de dis-socation qui conduit à la perte d'individuation, c'est-à-dire d'as-sociation, et à la *stasis* – à la guerre des citoyens entre eux.

La sophistique conduit inévitablement à cette guerre civile – à la destruction de la civilité, à la pure *incivilité* – en spéculant sur la tentation du pire qui caractérise la *doxa*, l'opinion en tant qu'elle est irréductiblement et intrinsèquement grégaire (débile). L'*hypomnésis*, comme *pharmakon*, est l'objet même de la lutte (que Platon mène *en écrivant sans cesse*) en tant qu'il permet de prendre soin de l'individuation tout aussi bien qu'il peut venir ruiner cette individuation.

3. En cela, ce qui se joue à notre époque comme processus industriel de désindividuation, comme *populisme industriel* et manipulation des technologies de contrôle, n'est pas une situation tout à fait inédite. Mais c'est ici en tout premier lieu la télévision qui, comme *dispositif télé-cratique*, constitue *l'enjeu du nouveau processus d'individuation qu'il s'agit dès lors d'y inventer*. Au moment où ils rédigeaient leur rapport au président Giscard d'Estaing, Simon Nora et Alain Minc avaient-ils compris ce qui s'était produit *avant l'informatisation*, et *avec la télévision* (qui ne dominait

alors la vie publique *que depuis vingt ans*, et qui restait encore un espace public digne de ce nom, même si, déjà, le même président Giscard d'Estaing, commanditaire du rapport, avait cru bon de participer à une émission de variétés pour y jouer mal de l'accordéon et « faire moderne », comme tant d'autres après lui qui y perdirent toute autorité et ôtèrent ainsi à la modernité tout crédit) ? Avaient-ils pris la mesure, au cours de ces vingt ans, du phénomène littéralement extraordinaire que constituait la mise en place de ce que l'on aura donc appelé depuis, et pour commenter le sinistre épisode berlusconien, la « télé-cratie » – telle qu'elle *menace* la démo-cratie ?

Il est clair que non : alors même qu'ils anticipaient, avec vingt ans d'avance, la convergence de l'audiovisuel, de l'informatique et des télécommunications qui forment de nos jours *l'ensemble fonctionnel de ces technologies R, c'est-à-dire de contrôle*, ils ne voyaient pas que ces trois secteurs industriels (audiovisuel, informatique et télécommunications), précisément *par* leur convergence, induite par la *numérisation généralisée* des technologies R, constituaient, en attendant les nanotechnologies, le dernier stade du processus de grammatisation – sécrété dès le XIXe siècle à travers les nouvelles formes d'*hypomnémata* qui apparaissaient avec la photographie, la phonographie et la mécanographie, mais aussi avec le machinisme comme discrétisation des gestes, contrôle des corps et organisation scientifique du travail chronométré et chronophotographié.

Et surtout, ils ne voyaient pas que *l'objet de la lutte* n'était pas seulement entre les États et les entreprises multinationales, mais entre *l'invention de nouveaux modèles d'individuation, c'est-à-dire de milieux associés*, et *les tendances à la désindividuation induites par les milieux dissociés* issus du nouveau stade de la grammatisation entamé au début de la révolution industrielle.

Ils n'y voyaient donc pas en tant que telle la question d'une politique industrielle des technologies de l'esprit, et les alternatives ouvertes par le caractère intrinsèquement ambigu des *pharmaka* que produisent ces industries. Pour autant, ils identifiaient avec une lucidité très exceptionnelle que le processus porté par les technologies convergentes conduisait inévitablement à des conflits culturels.

4. Qu'il s'agisse de l'*hypomnèsis* qui fait l'objet de la lutte entre la philosophie et la sophistique à l'époque de Platon, à savoir *la lettre*, ou de ces nouvelles formes d'*hypomnémata* dont l'économie des services s'est emparée comme technologies R, c'est-à-dire comme technologies des sociétés de contrôle des milieux dissociés (objets de *L'Informatisation de la société* conduisant à ce que nous connaissons aujourd'hui, presque trente ans plus tard, sous le nom de technologies numériques), l'enjeu est *toujours le même* : il s'agit a) de *fonder* puis b) de *soigner* le processus d'individuation qui peut y prendre forme, et s'y trans-former, mais en luttant contre le pire, contre la désindividuation qui est toujours *aussi* portée par tout *pharmakon*.

L'économie des services, et avant elle, et dès ses débuts, la société industrielle, mettent en place des milieux dissociés en tirant parti des possibilités inédites offertes par le nouveau stade de la grammatisation que constituent les machines[1], puis les appareils[2], en tant qu'ils permettent d'extérioriser et de formaliser les savoirs dans des automatismes et des algorithmes conduisant à la généralisation des modes d'emploi et de la prolétarisation, et à la perte des savoirs en général (savoir faire, vivre, contempler – *arts* de vivre et de théoriser).

Autrement dit, les *hypomnémata* de notre temps n'ont *pas encore* permis l'invention, la fondation et le soin du processus d'individuation qui leur correspond comme nouvelles conditions de la trans-formation, comme méta-transformation productrice de nouveaux types de milieux associés.

5. Dès lors, la tâche politique et économique présente est la *refondation de l'entreprise* humaine requise par cet état de fait que constitue la destruction de la société par les milieux dissociés, et où la technologie numérique est précisément l'*hypomnématon* (le *pharmakon*) qui ouvre la possibilité de reconstituer des milieux associés – ce qui est une question d'*écologie de l'esprit* à l'époque des technologies de l'esprit.

---

1. Les machines constituent l'époque de la grammatisation du geste et à travers lui des corps laborieux, dont l'organisation scientifique du travail formalisée par Taylor est la conséquence rigoureuse. Ce point est développé dans *Mécréance et discrédit 1. op. cit.,* p. 197 sq., ainsi que dans *De la misère symbolique 1, op. cit.,* p. 111 sq.

2. Les appareils, dont le concept ici en vigueur est inspiré par les travaux de Pierre-Damien Huyghe, sont un stade de la grammatisation que j'ai tenté de penser à travers une organologie générale dans *De la misère symbolique 2, op. cit.,* p. 43 et 105 sq.

9. *Faire la révolution du capitalisme*

Or, cette refondation politique, en tant qu'elle est basée sur la *resocialisation d'une technologie industrielle*, doit être aussi l'invention d'un *nouveau type d'entreprises économiques et de services*. Cette invention ne peut être l'œuvre que des *citoyens entreprenants* – il y en a beaucoup, mais elle doit être *suscitée, soutenue et accompagnée par une politique publique de développement industriel des technologies de l'esprit*.

Cette politique publique doit être menée par une nouvelle forme de puissance publique, associant les pouvoirs publics et, à travers eux, ce que l'on appelle « les publics », c'est-à-dire tout un chacun, à ces acteurs publics que sont devenues les puissances économiques privées en tant qu'elles inventent des modes de vie qui trans-forment l'individuation. Seule cette *as-sociation de la puissance publique aux puissances économiques privées* peut rendre à l'individuation son temps, à savoir le *long terme* en tant que, indéterminé, et constituant en cela la chance des hommes déterminés et entreprenants, il ouvre un avenir.

Aujourd'hui, nous *commençons* à comprendre que la télévision a totalement transformé les sociétés industrielles, et qu'elle appartient à un processus plus vaste, la grammatisation, au sein duquel elle se combine désormais, en tant qu'*hypomnésis* analogique, avec les *hypomnémata* numériques, ce que l'on appelle la convergence. Or, nous savons aussi que, comme télévision devenue pulsionnelle, bras séculier d'un capitalisme devenu lui-même pulsionnel, et tendant à devenir barbare et intrinsèquement débile, irresponsable et littéralement décervelé, sous la pression de la financiarisation, elle nous a conduits à des extrémités que personne n'aurait pu imaginer il y a à peine dix ans : tout près du *pire*. Nous sentons qu'elle a atteint une limite, et que, face à cette limite, c'est la démocratie industrielle qui paraît s'épuiser, et qui risque de disparaître dans une télé-cratie restaurant l'autocratie au service des oligarchies déterritorialisées – c'est-à-dire au service du capitalisme financiarisé dominant et paralysant les initiatives à long terme du capitalisme industriel –, et sous des formes sans doute encore inconnues, mais dont les microtechnologies et les nanotechnologies donnent *dans un tel contexte* des visions d'enfer.

Dans ce même contexte, *entreprendre aujourd'hui, c'est ménager la possibilité d'entreprendre encore demain en refondant l'individuation psychique et collective*, en inventant une nouvelle *organisation économique et sociale de milieux associés et de sociétés*.

Entreprendre, c'est toujours, de près ou de loin, entreprendre *économiquement :* l'entreprise grecque, qui forma la cité comme nouvelle organisation, fut aussi et dans le même mouvement la constitution d'une nouvelle forme d'économie. Elle installa un nouveau dynamisme économique en suscitant l'*éris* comme émulation qui ne laisse pas jouer la concurrence sans limites – ces limites étant la *dikè* (justice) et l'*aidôs* (honte)[1].

Mais une telle économie n'est jamais seulement une économie restreinte de subsistances : c'est aussi une économie générale des modes d'existence (c'est-à-dire

---

1. Cette question est développée dans *Constituer l'Europe 1. Dans un monde sans vergogne*, Galilée, 2005.

de trans-formation), c'est une économie non seulement sociale, mais bien libidinale. Et en cela, c'est ce qui nécessite la projection de ces plans de consistance dont *dikè* et *aidôs* sont précisément les lignes de fuite [1].

C'est pourquoi, s'il faut entreprendre en effet et, surtout, s'il faut entreprendre *avec les entreprises économiques industrielles*, et en leur ménageant des marges de manœuvre par rapport à la versatilité du capitalisme financier, la première question, aujourd'hui, n'est pas celle de l'entreprise économique au sens restreint, mais celle de *toutes* les formes d'entreprises dans l'organisation sociale capitaliste qui n'est pas seulement, elle non plus, une économie des subsistances, mais bien l'organisation des modes de vie qui ne réduisent pas à des modes d'emploi. Permettre que se poursuivent l'entreprise humaine et toutes les formes d'entreprises en quoi elle consiste, et dont les sociétés *anonymes* ne sont que des cas, c'est faire, avec des capitalistes révolutionnaires (telle la bourgeoisie française de la fin du XVIIIe siècle), la révolution d'un capitalisme qui est en train de s'effondrer.

10. A european way of life

En tant que société policée, la *polis* ouvre un espace et un temps publics où se forme et agit une puissance publique au service d'un bien public vers lequel convergent les intérêts de tous. Cette convergence est celle des individuations psychiques telles qu'elles

---

1. Cf. *Mécréance et discrédit 2, op. cit.*, p.43 sq. et 53 sq.

constituent *une* individuation collective et réciproquement : c'est la convergence qui se constitue comme milieu associé.

Dans une telle convergence, qui fait l'*unité* d'une époque comme unité des processus de trans-formations en quoi consiste cette époque, comme méta-transformation, la puissance publique est ce par quoi se forme une urbanité. Aujourd'hui, l'enjeu est de policer une société européenne qui reste à venir, et d'inventer l'urbanité qui devrait soutenir une politique européenne industrielle telle que la société industrielle y apparaîtrait nouvellement policée – faute de quoi elle deviendra un espace de simple police.

L'Europe doit devenir une puissance publique européenne de refondation de la société européenne, et non seulement un espace de simple police où circulent des marchandises, des producteurs et des consommateurs sous surveillance. Une industrie européenne puissante, sans laquelle il ne saurait y avoir de *civilisation* européenne à l'avenir, est inconcevable sans une puissance publique européenne. La question de la Constitution sur laquelle nous avons eu, nous, les Français, à nous prononcer, était la question de la constitution d'une *puissance publique*. Mais ce qui a été proposé est apparu à une majorité de Français constituer une *impuissance* publique, et *c'est pourquoi* le projet de constitution a été rejeté.

Le sentiment de cette impuissance a été suscité par l'absence de quelque vision à long terme que ce soit, alors que la puissance publique est *précisément* ce qui est en charge de forger, et comme *point de convergence de l'intérêt général,* les visions à long terme qui manquent d'autant plus gravement aux acteurs économiques qu'ils sont désormais hégémoniquement soumis aux contraintes du capitalisme financier mondialisé. Dès lors, l'acteur public sincère et dévoué semble être condamné aux actions désespérées, ainsi du député Jacques Lassalle luttant seul dans le Béarn contre une entreprise japonaise en cessant de s'alimenter – ce que, dans un éditorial ayant pour titre « Impuissance », et tandis que Jacques Chirac, Dominique de Villepin et Nicolas Sarkozy rivalisaient d'attention pour le gréviste de la faim, Antoine de Gaudemar commentait ainsi :

> Le plus souvent, ce sont les citoyens de base, agriculteurs, ouvriers ou employés, qui subissent [la] tyrannie de la mondialisation. Quand ils se dressent contre elle, et parce qu'ils n'ont aucun pouvoir, ils sont obligés de recourir à des actes plus radicaux, violents ou non violents, qui échappent aux formes d'action traditionnelles. Mais quand un maire, un député, un parti, voire un gouvernement, subissent cette même tyrannie et recourent à ce type d'engagement, cela devient un scandale pour la démocratie [1].

S'il faut refonder et réaffirmer une puissance publique qui ne saurait être une simple police, l'enjeu de toute puissance publique est de fonder l'espace et le temps public que l'on appelle la *société*, et tels que le temps et l'espace publics sont ceux d'un bien public, en tant que principe d'association de ses membres, c'est-à-dire comme processus d'individuation qui se forme

---

1. *Libération*, 15 avril 2006.

dans un milieu associé. L'enjeu de *toute* puissance publique est de lutter contre les *tendances à la dissociation* qui peuvent conduire à l'incivilité, ou à la guerre, voire à la barbarie, et qui sont cependant irréductibles, en ceci que le dynamisme social les comporte nécessairement aussi. L'enjeu est de prendre soin de cette dynamique en tant qu'elle est à la fois un principe d'association et de dissociation dans la stricte mesure où la grammatisation est ce qui induit *à la fois* l'individuation et la désindividuation.

Il est évident qu'aujourd'hui, ce soin ne peut être que de portée internationale dans la mesure d'abord où la grammatisation est devenue un processus mondial induisant une politique industrielle elle-même mondiale. Mais à ce niveau mondial, seul un dialogue entre des puissances que l'on appelle « régionales », ce qui veut dire en général de dimensions continentales, permet de constituer un horizon de puissance publique planétaire capable d'agir.

Seule une action publique peut résoudre cette contradiction qui fait que, tandis qu'Ernest-Antoine Sellière affirme lui aussi que le capitalisme est devenu cognitif et que la connaissance et l'intelligence sont la clef du développement économique, il préface ainsi[1] le livre où se trouve, quelques dizaines de pages plus loin, la déclaration intrinsèquement débile dans laquelle Patrick Le Lay affirme sans vergogne que le « réalisme » veut que son « business » soit de « vendre du temps de cerveau humain disponible », c'est-à-dire de détruire la vie de l'esprit et la société policée – sans lesquelles il

---

1. Cf. *supra*, p. 13, et *infra* p. 114.

n'y a cependant pas de développement de l'intelligence et de la connaissance. Une telle action publique, c'est-à-dire contraignant le capitalisme à résoudre cette contradiction par la fondation et l'instauration d'un nouveau modèle industriel, et constituant en cela une rupture, doit devenir le cœur de l'action européenne, au service de l'invention d'un mode de vie européen : *a european way of life*.

L'intelligence est avant tout sociale, et c'est pourquoi elle suppose le développement de milieux as-sociés, tandis que l'exploitation industrielle typique de l'économie de services et du capitalisme culturel, qui devrait conduire vers une industrie de la connaissance et la socialisation de technologies de l'esprit, tend à reproduire le modèle dépassé des milieux dissociés qui auront été initialement à la base de l'industrialisation comme division industrielle du travail et affectation des rôles sociaux basée sur l'opposition des producteurs et des consommateurs.

Si le *discours entrepreneurial* dit qu'il faut *élever* l'intelligence sociale, la *réalité entrepreneuriale* est pour le moment *ce qui organise la désublimation, l'avilissement social et la destruction de toute forme d'intelligence* – en cela que l'intelligence, comme l'usage du mot encore en vigueur au XVIIIe siècle en conserve la mémoire, est as-sociation en tant qu'*inter-legere*, être-parmi.

Max Weber, dans *L'Éthique protestante et l'esprit du capitalisme*, nous a appris que le capitalisme aura d'abord été un esprit. Or, à présent, l'esprit du capitalisme n'est plus là : cet esprit qui s'est perdu, et cet égarement, c'est ce qui s'est trouvé englouti et finalement anéanti, non pas d'abord par le contrôle du cognitif, mais bien par le *contrôle des affects* tel qu'il a conduit à la fois à la *transformation de la libido en pulsion* et à un état général de *saturation affective* conduisant à une *désaffection* et une *désaffectation* des individus psychiques et collectifs par la généralisation des milieux dissociés.

Les milieux dissociés conduisent à d'insolubles problèmes de *saturation :* saturation automobile des villes, routes et autoroutes, saturation cognitive sur Internet, saturation affective par l'hypersollicitation des sens, des oreilles et des yeux – et bientôt du tact, c'est-à-dire de la peau et de l'intérieur des corps par les puces RFID[1], c'est-à-dire par les microtechnologies en attendant les nanotechnologies, ainsi de la « solution » proposée par la société Applied Digital Solutions :

> Il s'agit d'une puce de la taille d'un petit grain de riz, qui utilise la technologie RFID et dont les dérives potentielles font l'objet de nombreux débats aux États-Unis comme en Europe. Insérée sous la peau du patient, elle est invisible et affecte à son porteur un numéro à 16 chiffres.
>
> La société indique que le meilleur endroit pour placer la puce se trouve au niveau du triceps, entre le coude et l'épaule du bras droit. Un scanner propriétaire permet de lire le numéro. Il transmet une impulsion d'énergie qui « réveille » la puce – qui ne possède pas de source autonome d'alimentation –, ce qui permet sa miniaturisation et fait le succès des puces RFID. Elle ne s'use pas, n'a pas besoin d'être rechargée, est peu chère à produire [...] et vous accompagne partout sans même que vous ne vous en rendiez compte. Une

---

1. Cf. *supra*, p. 39, n. 2.

fois « éveillée » par le scanner, elle transmet alors son numéro d'identification[1].

En attendant la diffusion de ces microtechnologies sous-cutanées en Europe, l'INRIA et JCDecaux proposent une solution intermédiaire :

> Doté d'une puce dans son mobile, chaque citadin pourrait être bientôt exposé à des messages personnalisés. [...] L'idée consiste à équiper les objets – en l'occurrence, les Abribus et autres mobiliers publicitaires – ainsi que les personnes de microcalculateurs capables de se mettre spontanément en relation les uns avec les autres et d'échanger des informations. Dans un premier temps, ce sont les téléphones portables ou assistants numériques des individus qui seront équipés d'une puce supposée contenir un nombre illimité de renseignements sur l'utilisateur : âge, sexe, situation familiale, langue maternelle, goûts et mensurations vestimentaires, loisirs favoris, localisation du domicile, celle des commerçants, etc.[2].

C'est autrement dit la généralisation à tous les types de comportements urbains de la traçabilité et du *user profiling* tel qu'il est mis en œuvre par Amazon.com, et qui consiste à grammatiser les singularités et à les trans-former en particularités calculables[3].

L'AFP annonçait par dépêche du 11 mars 2005 que les microtechnologies RFID, précurseurs des nanotechnologies, sont déjà en service en Australie :

---

1. Dominique Piotet, atelier BNP Paribas.
2. Sonia Deviler, *Le Figaro*, 15 et 16 avril 2006.
3. Cf. *De la misère symbolique 2, op. cit.*, p. 279.

> PARIS (AFP) – Certains peuvent s'en réjouir, d'autres s'en indigner : un monde où les clés, les mots de passe, les passeports, les caissières et les contrôleurs n'auraient plus de raison d'être, un monde où après implantation sous-cutanée d'une puce plus petite qu'un grain de riz, on puisse être traqué dans tous ses déplacements, n'est plus tout à fait du domaine de la fiction.
> En Australie, le personnel de toutes les banques est implanté d'office et les militaires sont également « pucés ». La généralisation des micropuces est inexorable, promettant autant d'avancées radicales que de risques potentiels pour les libertés de l'individu, selon des spécialistes des micro- et nanosystèmes réunis cette semaine au CNRS, à Paris.

Aujourd'hui se développe l'« informatique ubiquitaire » et l'« informatique invasive », comme l'ont mis en évidence le colloque « Technologies et réseaux pour le jeu et les médias interactifs » à Bruxelles, et le symposium « Environnements intelligents » de Microsoft Research à Cambridge du 5 au 7 avril 2006. Exemple d'application de l'informatique invasive : le personnage fictif d'un jeu vidéo appelle sur son téléphone portable l'enfant qui joue avec lui – à moins que ce ne soit en effet le personnage fictif qui joue avec l'enfant, c'est-à-dire : qui se joue de lui. Notons ici qu'une étude de la BBC a fait apparaître que 100 % des enfants de 6 à 10 ans pratiquent un jeu vidéo. Plus généralement, ce que Graig Lindley, intervenant du colloque Microsoft, appelle la *transréalité,* s'appuie sur les technologies des « environnements intelligents » tels que les vêtements électroniques et la géolocalisation par exemple des protagonistes d'un jeu électronique.

Le succès de ces jeux est frappant et tient sans doute à leurs qualités. Mais il tient aussi et surtout au fait qu'ils apportent des substituts à la misère spirituelle induite par la dissociation, en y suppléant par des avatars de milieux associés, et où se forment ces sociétés de joueurs désocialisés que l'on appelle, au Japon, les *otaku* [1].

L'hypersollicitation de l'attention et des sens, qui atteint ici des sommets, est ce qui court-circuite la transindividuation, détourne les processus d'identification, et a pour conséquence la désidentification, c'est-à-dire la désindividuation du collectif aussi bien que du psychique, dont résultent l'insensibilité et la perte de toute forme d'attention, c'est-à-dire la perte de toute forme d'urbanité, de « politesse » et de civilité : elle engendre ce qu'Alain Finkielkraut affectionne tant (de façon peu civile, ni civique) d'appeler de l'« incivilité ». C'est la captation systématique de l'attention des enfants par la télévision qui *détruit* cette attention, et produit ce « déficit attentionnel » (ADD, *attention deficit disorder*) dont une étude récente de l'Inserm voudrait rendre les enfants eux-mêmes responsables.

L'hypersollicitation de l'attention et des sens engendre perte d'attention et insensibilité tout comme la saturation automobile produit immobilité et paralysie urbaine alors même que l'automobile est faite pour augmenter la mobilité et sa vitesse. De même, les technologies de contrôle des affects provoquent de la désaffection et de la désaffectation par saturation affective – et il faut ici parler de désaffectation comme on dit

---

1. Cf. *Mécréance et discrédit 2, op. cit.*, p. 127.

d'une usine qu'elle est désaffectée. Or, ainsi désaffecté, l'être humain devient *incontrôlable* [1].

Or, nous tous sommes affectés par cette désaffection résultant de la mise en œuvre des technologies cognitives et culturelles *qui constituent cependant des technologies de l'esprit*, tandis que, mises au service de la société de contrôle, elles provoquent de plus en plus de l'incontrôlable et instaurent le règne de la bêtise, fermant

---

1. Un homme peut être désaffecté en ce double sens où : 1) il peut ne plus éprouver d'affects, et devenir en cela profondément indifférent, ne réagissant plus que par comportements réflexes, c'est-à-dire pulsionnels : des comportements dénués de toute politesse, de tout ce policé que forme la civilité d'un espace et d'une puissance publique civilisés ; 2) il peut ne plus avoir de place, ne plus être affecté à aucune place (à aucun *èthos*, et telle est la question de l'éthique) dans cet espace public qui se réduit comme peau de chagrin, qui se privatise et transforme tout en marchandises : il peut se trouver, autrement dit, totalement désindividué, dénué de tout savoir, que ce soit comme producteur ou comme consommateur, *ne sachant plus rien faire ni comment vivre* – faute de *savoir-faire* et de *savoir-vivre*, privé de cette possibilité d'*individuation* qu'offre un *processus d'individuation psychique et collective* digne de ce nom.

La désaffection, comme désaffectation, c'est la perte d'individuation pour les individus psychiques comme pour les individus collectifs, qui deviennent alors impuissants, et elle conduit aux actes désespérés. Dans *Elephant*, de Gus Van Sant, les deux adolescents qui vont passer à l'acte sont désaffectés – et celui qui joue la *Sonate au clair de lune* peut faire illusion comme ces officiers nazis qui, « administraient » les camps d'extermination, se délectaient de musique romantique.

Comme il y a des usines désaffectées, il y a des adolescents désaffectés, souffrant d'une saturation affective qui a été engendrée par une guerre : la guerre esthétique induite par le contrôle des affects et la soumission des technologies aux impératifs du contrôle comportemental lui-même soumis aux prescriptions du marketing, c'est-à-dire à la diffusion de ces modes d'emploi qui détruisent les savoir-vivre.

pour le moment toute possibilité de faire apparaître une quelconque « société des savoirs », malgré le discours édifiant élaboré par l'Unesco à l'occasion du sommet de Tunis [1].

Depuis un peu plus d'un siècle, l'esthétique est devenue une fonction de l'appareil qui organise et pilote la production et la consommation par le contrôle des affects, ce qui a induit une situation de profonde misère symbolique et spirituelle. Cette misère produit de la désaffection et de la désaffectation, des êtres désaffectés qui ne peuvent qu'être conduits au désespoir – et aux gestes désespérés, c'est-à-dire irrationnels et (auto)destructeurs.

C'est ici la question même de l'existence qui est posée : telle qu'elle ne peut être réduite aux seules subsistances. C'est pour cela que, comme Richard Durn, avant de massacrer le conseil municipal de Nanterre, écrivit qu'il n'avait plus le sentiment d'exister, qu'il avait perdu ce sentiment d'exister, comme le procureur Bilger affirma que l'existence de Maxime Brunerie, qui tenta d'assassiner le président de la République française le 14 juillet 2001, ne lui offrait plus rien, Cyril Canetti, psychiatre à la prison de Fleury-Mérogis où l'on envoyait, pendant les émeutes du mois de novembre 2005, en banlieue parisienne, de très jeunes gens qui venaient d'être arrêtés, déclarait, après les avoir écoutés, qu'ils avaient tous le même problème : celui d'avoir perdu le sentiment d'exister.

Un nouveau mode de vie européen est ce qui doit remettre les existences et leurs conditions, les consistances, en tant que seules elles peuvent produire des

---

1. Cf. *supra*, p. 38 n. 1.

milieux associés, au cœur d'un nouveau projet industriel qu'il s'agit d'inventer et qui vise à *intensifier la singularité comme incalculable* en socialisant des nombres tels qu'ils empêchent de compter : il s'agit d'inventer *l'industrie du calcul qui empêche de compter – mais avec quoi il faut compter :* il s'agit de réenchanter le monde en effet, c'est-à-dire de *bâtir les modes de subsistances et d'existences qui soutiennent l'autre plan, le plan des consistances*, et qui est celui du chant – de ces Sirènes sans lesquelles il n'y a rien.

Là seulement est le *plan des motifs* qui, comme horizon des Muses, est le plan de l'enchantement.

11. Le plan qui m'enchante

Le capitalisme nécessite la motivation, qui est toujours une sorte d'enchantement : il ne peut reposer sur la pulsion qui, si rien ne change, le détruira, et nous avec lui. La motivation elle-même, quelle qu'elle soit – capitaliste, judéo-chrétienne, tragico-grecque ou pré-politique, c'est-à-dire magique, chamanique, basilique ou dynastique –, se nourrit de singularité. Seule la singularité peut être l'objet de la libido qui constitue *l'humain comme désir*, c'est-à-dire *comme n'étant pas inhumain*.

La singularité n'est certes que du fantasme. Depuis Newton, on peut dire que tout est calculable : si la nature est écrite en langage mathématique, la physique est une physique mathématique, c'est-à-dire telle que tout phénomène peut être décrit par une équation, elle-même pouvant se transformer en algorithme, et donc, à partir de la révolution industrielle, en technologie computationnelle.

Cependant, ce qui fait l'objet du désir est incalculable. Au regard du désir, il n'y a que de l'incalculable, et cela signifie que pour le désir, il y a un autre plan que le calculable – par rapport auquel seulement le calculable *vaut*. Cet autre plan est aussi ce qui forme les motifs du mathématicien et du physicien : ce qui les intéressent, eux aussi, ce sont les incalculés – les idéalités, les axiomes, les indémontrables.

La question et l'objet du désir sont donc la singularité en tant que ce qui apparaît incalculable, c'est-à-dire incomparable et en cela in-fini (tout ce qui est calculable est fini et réciproquement). C'est pourquoi l'art, plus que tout autre objet, est l'exemple même de l'objet du désir comme sublimation – du moins depuis que Dieu est mort : tant qu'Il était là, une œuvre donnait à voir une lumière qui était celle de Sa révélation. Aujourd'hui, notre expérience de la singularité *par excellence* est celle de cette œuvre d'art dont Kant dit que sa qualification par le jugement esthétique, à savoir, à l'époque de Kant, comme « belle », est le fruit d'un jugement réfléchissant, c'est-à-dire tel que je ne pourrai *jamais* le prouver : je ne pourrai jamais prouver que l'objet de mon jugement (« cet objet est beau ») est effectivement un objet tel que j'en juge, à savoir qu'il est beau : un tel jugement est littéralement improbable, ce qui veut dire ici qu'il ne peut pas être prouvé – mais qu'il peut seulement être *éprouvé*.

Or, il en va ainsi parce que l'œuvre est singulière, c'est-à-dire incalculable : l'œuvre est l'objet d'un jugement réfléchissant dans cette stricte mesure où (à travers ce qui se présente à Kant comme « le beau ») *elle réfléchit et intensifie la singularité de celui qui juge*, et lui permet de se projeter comme son motif même, c'est-à-dire comme l'objet de son désir : comme l'objet désirable par excellence, et désirable par tous, raison pour laquelle Kant pose que le jugement réfléchissant tend irréductiblement à s'universaliser, se pose comme un jugement universel ; mais c'est un universel *par défaut* : son universalité *ne peut pas être prouvée*. C'est un jugement réfléchissant en ce sens que, outre que le sujet s'y avère être réfléchi par son objet, ce n'est pas un jugement *déterminant*, c'est-à-dire portant sur un objet absolument objectivable : un jugement déterminant ne s'applique qu'à un objet tel qu'il est dit exister au sens où la physique de Newton établit le statut des objets existants, à savoir : précisément en tant qu'ils sont déterminables dans leur pure objectivité, c'est-à-dire tout aussi bien calculables, et en cela universellement prouvables dans leur existence même.

Dans le cas de l'objet du jugement esthétique, c'est-à-dire réfléchissant, je ne peux juger que par défaut parce que la *preuve de la singularité* fait défaut. Autrement dit, la singularité n'existe pas au sens où je pourrais prouver qu'elle existe, mais elle *consiste dans mon existence* en ceci que c'est elle qui me donne à *éprouver cette existence* comme ce qui justement dépasse tout calcul, ce qui fait que mon existence elle-même est incomparable et est bien, en cela, la mienne : elle est *mon* individuation psychique alors même que, réfléchie par les objets de la transindividuation que sont les œuvres qui constituent la socialité d'un monde, et sa civilité, elle est tout aussi bien ma *participation* à l'individuation collective, à laquelle je me trouve du même coup *associé*, et par laquelle je suis donc bien un être social.

Mais il en va ainsi de tous les objets de mon désir. Je suis amoureux de mon épouse dans cette mesure sans mesure, dans cette démesure où je la considère absolument singulière. N'importe quel psychologue ou sociologue me prouvera qu'elle n'est pas singulière, que ses comportements sont analysables, descriptibles et catégorisables, c'est-à-dire généralisables et comparables, pouvant en cela faire l'objet d'un *user profiling* par l'intermédiaire d'une carte de fidélité, d'un capteur RFID ou d'une traçabilité de ses comportements sur le site d'Amazon.com. Mais *moi*, qui ai du désir pour mon épouse – ce qui ne veut pas dire que je vais la consommer comme un objet sexuel, c'est même précisément le contraire : le désir que j'ai pour mon épouse s'appelle mon *amour* pour elle, et il ne se réduit pas à la pulsion sexuelle qui anime évidemment *aussi* cet amour, et de façon essentielle –, je vois en elle ce que jamais aucun psychologue ou sociologue n'y verra, et qui se tient sur un autre plan : le plan qui m'enchante.

Or, ce plan est ce qu'il y a de plus précieux : c'est le plan des motifs. Je l'appelle le plan des consistances, et, parce que ces objets qui consistent, parce que ces consistances *n'existent pas*, il faut en prendre le plus grand soin. Une *économie* libidinale est précisément, en tant que cette éco-nomie, en tant que ce *nomos* de l'*oikos*, c'est-à-dire du foyer, ce qui prend soin de ces consistances qui, comme objets du désir, produisent l'énergie libidinale – ce qui passe par la sublimation et le surmoi.

Malheureusement pour nous, pour nos proches, et pour nos descendants, disons pour nos prochains, l'économie libidinale capitaliste est ce qui a ruiné ce soin, alors même que ce soin s'appelle la culture, et tandis que ce capitalisme se prétend pourtant « culturel » et « cognitif ». Il faut donc faire la révolution du capitalisme : il n'y aura d'avenir du capitalisme, et au-delà du capitalisme, qui n'est certes pas éternel, que si un tel avenir prend soin de l'avenir du désir, c'est-à-dire des objets du désir.

Or, un tel soin ne peut résider que dans le développement d'un nouveau modèle industriel, faisant de la relance du désir, et *comme pouvoir de lier les pulsions*, son objet primordial, et ce, à travers la constitution d'une *nouvelle organisation de l'économie libidinale* qui ne peut être qu'une *nouvelle organisation de l'économie industrielle*. Pour une telle tâche, une nouvelle forme de puissance publique est indispensable, et comme nouvelle organisation de l'économie politique. Elle doit mettre en œuvre une politique industrielle des technologies de l'esprit que *sont* les technologies du contrôle affectif et cognitif, mais qui n'apparaissent pas comme telles parce qu'elles sont actuellement, tout au contraire, cyniquement mises au service du règne dégradant de la bêtise.

Aujourd'hui, le désir est en ruine parce que la mise en œuvre des technologies de contrôle des affects et des concepts, outre la saturation affective et cognitive qui désaffecte et abrutit les individus et les désindividue, a conduit à la décomposition des tendances qui constituent le désir, c'est-à-dire le symbolique ; elle a produit un milieu symbolique dissocié, là où le symbolique ne peut former des circuits que pour autant que ceux qui se trouvent sur ce circuit sont *associés* par ce circuit, formant ainsi une *société* – et *uniquement* ainsi.

Chapitre 2

CONTRE LE RÈGNE DE L'IGNORANCE INVESTIR DANS L'AUGMENTATION DE LA VALEUR ESPRIT

12. De « l'informatisation de la société »
à la « société de l'information »

Le réseau internet s'est mondialement développé à partir du moment où, en 1993, William Clinton et Albert Gore en ont fait le fer de lance technologique de leur politique. C'était là un parfait exemple de la possibilité et de la nécessité de mener des politiques publiques basées sur une stratégie industrielle, c'est-à-dire sur une vision du devenir technique, et reposant sur un geste régalien – répétant en cela l'initiative de création du minitel qui avait suivi le rapport de Simon Nora et Alain Minc. Ceux-ci, identifiant la perspective de développement de ce qu'ils appelèrent la télématique, préconisèrent en effet la création de la Direction générale des télécommunications (DGT) où fut conçue, sous la conduite de Gérard Théry, l'opération de remplacement de l'annuaire imprimé des abonnés au téléphone par un terminal distribué gratuitement, le minitel.

Cet appareil, en donnant accès à la base de données électronique des clients de France-Télécom, une entreprise publique industrielle issue de ce qui avait été les Postes et Télécommunications, ouvrait la possibilité de nouveaux services « en ligne », et accompagnait la socialisation de la micro-informatique en France[1]. Comme première opération de mise en réseau de grande ampleur, destinée à tous les abonnés du téléphone, le minitel inaugurait l'âge des milieux associés fondés sur une technologie industrielle – même si cette socialisation devait commencer par l'essor des « messageries roses ».

Aujourd'hui, l'opération minitel est déjà presque oubliée. Elle aura pourtant été un modèle précurseur de l'opération internet. La démilitarisation du réseau Arpanet, son transfert vers le monde civil, ainsi que des concepts et des innovations inspirés des travaux de Tims Burton Lee au Cern de Genève, et le pari sur la croissance rapide des réseaux numériques à haut débit, de type ATM, et plus tard ADSL (ce qu'Albert Gore appela les « autoroutes de l'information », signifiant ainsi que, dans des temps proches, l'automobile ne serait plus la principale activité industrielle), reposaient sur une démarche du même ordre que celle préconisée dans les conclusions de *L'Informatisation de la société*[2], même si elle était de beaucoup plus grande ampleur.

---

[1]. Ils furent présentés et interrogés dans les expositions *Les Immatériaux* et *Mémoires du futur*, au Centre Pompidou, en 1985 et 1987.

[2]. Ouvrage d'Alain Minc et Simon Nora, Seuil, coll. Points 1978.

Il est d'ailleurs frappant de constater qu'en France, le dernier grand projet industriel aura été celui d'un président de la République se réclamant du libéralisme, Valéry Giscard d'Estaing, par ailleurs mauvais accordéoniste et proto-populiste, tandis que le président socialiste qui lui succéda, François Mitterrand, abandonnant rapidement toute ambition de cet ordre, s'empressa de créer une chaîne de télévision à péage, puis de concéder un canal à son ami Silvio Berlusconi, télécrate et concepteur du nouveau populisme – assisté dans cette sinistre tâche par le « philosophe » Ricardo Freccero.

Par rapport à la télé-cratie qui conduit inéluctablement au populisme en tant qu'accomplissement parfait du milieu dissocié, internet et la télématique constituent une possibilité évidente à la fois de rupture et d'aggravation du contrôle, c'est-à-dire de nouveau stade de développement du système que forment les technologies R – même s'il est tout aussi évident que ni l'une ni l'autre de ces possibilités ne constitue les intentions qui animent Valéry Giscard d'Estaing ou William Clinton : le processus dans lequel elles se forment s'accomplit « dans le dos de la conscience » qui l'intentionnalise. Dans le cas de l'apparition des réseaux numériques et télématiques, comme dans celui de la télévision, de la machine-outil, de l'imprimerie ou de l'alphabet, il s'agit d'un stade spécifique du processus de grammatisation dont le devenir dépasse les intentions de ceux qui en sont les acteurs[1] tout en les

---

1. En cela, le développement d'un système technique en général est soumis, comme les objets techniques industriels, au processus de concrétisation qui consiste cependant ici en une intégration fonctionnelle des décisions humaines – lesquelles sont toujours,

« intégrant fonctionnellement » – ce qui signifie aussi que sa portée sociale, en tant que la grammatisation constitue toujours le *et* du processus d'individuation psychique *et* collective, ne se révèle jamais que dans l'après-coup de luttes économiques, politiques et sociales, mais aussi spirituelles. C'est la question du « double redoublement épokhal[1] ». Et c'est cette lutte même qui est à l'origine de la philosophie dans son combat contre la sophistique.

La mise en place du minitel donnant accès au réseau télématique, comme la création du réseau de réseaux

---

par conséquent, constitutives d'un « milieu associé ». Mais ce milieu humain peut n'être que relativement associé – par exemple à travers la personne unique d'un monarque ou plus généralement d'un autocrate.

1. Je prends ici le mot « épokhal » au sens d'interruption et de mise en suspens, et d'ouverture d'une nouvelle époque. J'ai essayé de montrer dans *La Technique et le Temps* 1) que le devenir technique doit être pensé à partir du concept de système technique, 2) qu'il n'y a pas de société humaine qui ne soit constituée par un système technique, 3) qu'un système technique est traversé par des tendances évolutives qui, lorsqu'elles se concrétisent, induisent un changement de système technique, 4) qu'un tel changement nécessite des ajustements avec les autres systèmes qui constituent la société, 5) que ces ajustements constituent une suspension et une réélaboration des programmes socio-ethniques qui forment l'unité du corps social, 6) que cette réélaboration est une sélection parmi des possibles effectuée à travers des dispositifs rétentionnels, eux-mêmes constitués par des mnémotechniques ou des mnémotechnologies, dont le devenir est lié à celui du système technique, et dont l'appropriation permet l'élaboration de critères de sélection constituant un motif, c'est-à-dire une raison et un sens caractéristiques d'une époque de l'esprit, c'est-à-dire d'un stade caractéristique de l'individuation psychique et collective. Sur ces points, cf. *La Technique et le Temps 1. La faute d'Epiméthée*, Galilée, 1994, p. 237 sq., *La Technique et le Temps 2. La désorientation*, Galilée, 1996, p. 74-75 et *La Technique et le Temps 3. Le temps du cinéma et la question du mal-être*, Galilée, 2001, p. 25.

numériques internet, visaient la généralisation d'une pratique par la création d'un service gratuit. Mais dans le cas d'internet, il s'agissait de créer (et de piloter) l'accès à un réseau mondial prescrivant, par la logique de rupture qu'il introduisait, le devenir de l'ensemble des sociétés industrielles de la planète. À partir de 1993, la mise en œuvre civile et mondiale et la norme TCP-IP (conçue dès 1974) définissaient un protocole de communication entre réseaux numériques permettant leur interconnexion, tandis que les noms de domaines de l'adressage électronique (gérés par l'ICANN), les langages hypertextuels (HTML) et les navigateurs (Mosaic puis Nescape) constituaient les technologies « web » permettant aux ordinateurs personnels de devenir des serveurs distribués ou de se faire héberger sur de tels serveurs. Les moteurs de recherche tels Alta Vista puis Google devaient arriver peu après. Le système était totalement décentralisé, à la différence du réseau télématique de terminaux minitel, et il était compatible avec n'importe quel terminal numérique, et non seulement informatique. La création d'un site, ce qui, dans le domaine du minitel, s'appelait un service, devenait accessible à toute personnalité physique ou morale équipée d'un micro-ordinateur.

Lorsque les premiers sites internet apparurent en France, il fut de bon ton de critiquer la logique « jacobine » de la création du minitel qui avait précédé de dix ans celle du réseau TCP-IP. On arguait du fait que le minitel, dont les usages s'étaient bien implantés en France, ralentissait la croissance des sites et des connexions internet, pour critiquer cette initiative d'Etat. C'était ne pas comprendre que la démarche de

Clinton et Gore était tout aussi régalienne, et que la télématique en France constituait une avance – *à condition cependant d'en faire évoluer le concept, et de poursuivre la première étape* des initiatives issues du rapport de Nora et Minc par une politique plus ample, analysant la nouvelle infrastructure et en tirant parti.

Cependant, deux changements très importants étaient intervenus entre-temps. L'élection de François Mitterrand avait conduit au lancement d'une politique de décentralisation, par ailleurs tout à fait nécessaire, et la Commission européenne avait commencé à se substituer aux États en matière de politique de recherche industrielle et scientifique. Ce double décentrement s'était opéré tandis que, d'une part, se développaient les modèles de l'auto-organisation, qui allaient souvent conduire à une idéologie libertaire, et qui préparaient l'évolution vers un néolibéralisme constituant, en réalité, un abandon de toute responsabilité publique de pilotage ou d'incitation du devenir social aux seules prescriptions du marché, c'est-à-dire, en fin de compte, un renoncement à toute ambition politique, au profit d'une logique de développement exclusivement économique. La Commission européenne se calait dès lors sur la politique industrielle des États-Unis, dont elle devenait du même coup entièrement dépendante, et *ne savait tirer aucun parti des innovations qui ne cessaient pourtant de surgir des recherches issues de ses propres laboratoires publics* (ainsi de la norme GSM).

La croissance extrêmement rapide des services issus du réseau de réseaux internet fut appréhendée comme l'émergence d'un nouveau type d'organisation sociale qui reçut officiellement un nom de baptême de la

Commission européenne, la « société de l'information », à laquelle il s'agissait dès lors de « s'adapter ». Cette « adaptation », qui donna lieu au lancement de divers programmes, dont celui de l'Irisi[1], fut d'abord et surtout appréhendée à travers les questions du commerce électronique, de l'« intermédiation », de la transformation des modes de distribution et de la défiscalisation qui paraissait devoir en résulter, mais aussi des nouvelles formes d'organisations territoriales réticulaires qu'induisait la capillarité très souple et très fine permise par TCP-IP.

Dans le même temps, la numérisation généralisée des appareils électroniques, c'est-à-dire le passage de l'informatisation à la numérisation, des ordinateurs aux appareils électroniques compatibles avec ceux-ci à travers le réseau, engageait ce qui allait être baptisé là aussi officiellement par la Commission européenne la « convergence » de l'informatique, de l'audiovisuel et des télécommunications à travers la numérisation généralisée – cependant que cette tendance évolutive avait elle aussi été anticipée par *L'Informatisation de la société*. Un « livre vert » allait être publié (en 1997) qui préconisait la plupart du temps, face à la convergence issue de la numérisation, la déréglementation et la dérégulation des secteurs audiovisuels et leur alignement sur les services de télécommunications, eux-mêmes destinés à la privatisation.

---

1. Je fus chargé dans ce cadre d'un rapport, publié par le conseil régional du Nord-Pas-de-Calais sous le titre *Société de l'information. Les nouvelles frontières du développement régional*, Programme Irisi, Commission européenne et Région Nord-Pas-de-Calais, 1996.

L'idéologie de la « société de l'information » qui se mettait ainsi en place, et qui aura aboutit au calamiteux et caricatural sommet mondial de la société de l'information de Tunis [1], confié par l'ONU, à travers la Tunisie, au dictateur Ben Ali, aura été un élément décisif de concrétisation de la mondialisation par la liquidation de très nombreuses « barrières » territoriales, mais aussi par la généralisation du *remote control*, ainsi que le soulignent Ève Chiapello et Luc Boltanski dans *Le Nouvel Esprit du capitalisme* [2]. Le *remote control* était ce qui allait faciliter la désindustrialisation comme division internationale du travail dans le contexte des sociétés hyperindustrielles, tandis que les réseaux allaient accélérer la mutation vers les économies de services. Cette idéologie de la « société de l'information » aura la plupart du temps coïncidé, dans la réalité de la trans-formation des modes de vie qu'elle induisait, avec la constitution d'une infrastructure *favorisant systématiquement les critères à court terme du marché pour l'organisation du changement social*, c'est-à-dire pour la définition de ce que j'ai désigné, au chapitre précédent, sous le nom de méta-transformation.

13. De la « société de l'information »
aux « sociétés de savoir » – ou de la possibilité
d'un « réenchantement du monde »

---

1. Cf. en annexe la motion diffusée par *Ars Industrialis* à la veille du sommet de Tunis, p. 163.
2. Gallimard, 1999.

Ce sont donc la technologie télématique, puis l'usage civil et mondial de la norme TCP-IP, et enfin le processus de numérisation et de convergence de tout le secteur électronique qui s'en sont trouvés accélérés, qui sont à l'origine de que l'on a commencé à appeler les sociétés de savoir [1] dans le cadre de la préparation de ce sommet de Tunis – qui semblait ainsi s'annoncer tout d'abord comme un sommet de transition, vers une autre époque et vers un nouveau modèle. Ce devenir s'est produit en même temps que l'économie industrielle devenait hyperindustrielle dans le contexte ce que l'on a commencé à appeler le capitalisme cognitif, ou l'industrie de la connaissance, du fait à la fois :

1) de la *diffusion des technologies cognitives* (de l'intelligence artificielle à la bureautique, en passant par les bases de données),

2) du *devenir tertiaire de l'économie dite de services*, décrite précédemment,

3) des *formes de capitalisme qui tendent à externaliser les outils de production* pour ne plus consister que dans le contrôle des dispositifs de conception et des comportements par le biais du marketing,

4) de la *convergence* qui se sera traduite par l'intégration des technologies culturelles (dites de communication) et des technologies cognitives (dites d'information), leur nouvel ensemble formant ce qui devrait devenir des technologies de l'esprit, même si celles-ci, pour l'immédiat, comme « technologies R », c'est-à-dire technologies de contrôle, contribuent essentiellement à ce que Paul Valéry analysa en 1939 comme

---

1. Unesco, *Vers les sociétés du savoir*, Éditions Unesco, 2005.

le processus d'une baisse de la valeur esprit – ce qui est un autre nom du processus de désublimation que Herbert Marcuse désigna et analysa comme tel en 1955[1].

Autrement dit, s'il est temps en effet de parler de savoirs, et non seulement d'information – et c'est sans aucun doute ce qu'aura aussi signifié le mouvement « Sauvons la recherche » –, et en cela de « sociétés de savoir », c'est parce que l'enjeu n'est pas simplement celui de l'information, de la cognition ou de la culture : c'est celui de *l'esprit entendu comme pouvoir de sublimer*, et en cela, c'est celui de *la socialisation comme sublimation procédant fondamentalement d'une économie libidinale*, et en tant qu'elle s'opère toujours par l'intermédiaire d'*hypomnémata* dont la numérisation généralisée a fait apparaître de nouvelles formes.

Le désir, comme pouvoir de sublimer, c'est-à-dire de socialiser, est devenu l'objet par excellence de l'économie politique, et *l'enjeu de l'apparition des technologies favorables à la reconstitution de milieux techniques associés est à présent d'opérer un véritable retournement de situation*, par lequel ce qui constitue aujourd'hui essentiellement le vecteur d'une *baisse* de la valeur esprit pourrait devenir précisément le contraire, à savoir, comme Denis Kessler en exprimait le vœu à travers un discours sur le rôle de la connaissance dans l'économie de demain, et en commentant le sens du thème choisi pour l'université d'été 2005 du Medef, le « réenchantement du monde » –, ce qui devrait annoncer l'âge d'une *augmentation* de la valeur esprit.

---

1. Dans *Éros et civilisation*, Minuit, puis dans *L'Homme unidimensionnel*, Minuit. Je précise pourquoi je ne partage pas les analyses de Marcuse, et y suis même sur certains points franchement

Rappelons ici que Denis Kessler se référait alors au discours de Tony Blair lorsque celui-ci proposait que les allocations de ressources européennes à la PAC soient réorientées vers les technologies cognitives et au service d'une nouvelle époque industrielle, celle de l'industrie de la connaissance. Rappelons également que ce thème du « réenchantement du monde » aura été proposé par Ernest-Antoine Seillière, alors président du Medef, dans sa préface à un livre devenu célèbre, *Les Dirigeants face au changement* :

> Ce début de siècle sonne la fin de la rente technologique pour l'Occident. Aujourd'hui, c'est sur le capital humain [...] que se fonde notre réponse à la nouvelle donne internationale. Éducation, formation : l'économie de la connaissance n'est pas un slogan creux[1].

Bref, la question est géopolitique, c'est-à-dire aussi géoéconomique, et ce, dans une lutte internationale pour la protection ou la reconstitution de « rentes ». Mais aussi dans un contexte, dont ne parle pas ici M. Seillière, où d'autres acteurs économiques comme l'Inde, la Chine ou le Japon inventent eux aussi en matière de technologies de la connaissance – la question étant alors de savoir (et en distinguant, à l'intérieur de l'Occident, entre Amérique et Europe) ce qui pourrait faire la spécificité d'une économie politique et industrielle *européenne* de ces technologies de l'esprit,

---

opposé, dans *Mécréance et discrédit 3. L'esprit perdu du capitalisme*, Galilée, 2006.
1. *Les Dirigeants face au changement*, Éditions du Huitième Jour, 2004, p. 4-7.

et si là ne serait pas aussi la possibilité de « réenchanter » le projet européen, et non seulement le monde vu exclusivement à travers la vie d'entreprises industrielles télécommandées par les impératifs de retours sur investissements à court terme que leur impose le capitalisme financier.

14. Entreprises, puissance publique et populisme industriel

Loin d'être devenue l'acteur par excellence du changement en quoi devrait consister l'entrée dans des « sociétés de savoir » (ce qui ne peut que vouloir dire : *faisant augmenter la valeur esprit* – au-delà de la « société de l'information » – qui est en réalité la société des technologies R et du contrôle, c'est-à-dire, en fin de compte, du populisme industriel porté à son comble), l'entreprise industrielle *actuelle*, telle qu'elle véhicule plus que jamais le modèle des milieux dissociés, en constitue le principal obstacle, contrairement à ce que prétend l'ancien président du *Mouvement des entreprises de France* :

> L'entreprise, [...] la tête dans le global, les pieds dans le local, [...] représente aujourd'hui l'organisation la plus adaptée – et la plus exposée – à l'internationalisation des opinions publiques et des risques, à l'homogénéisation des consommations, mais aussi aux spécificités bien réelles des institutions et des réglementations internationales.

Outre qu'il s'agit justement de *ne surtout pas s'adapter « à l'homogénéisation des consommations »*, le modèle de l'adaptation en général est profondément entropique et démotivant : c'est celui du *renoncement à toute vision d'avenir*, comme l'illustrent ces propos de l'ex-président du Medef, également président de Marine Investissement :

> Ces analyses semblent sonner le glas des grandes stratégies industrielles. [...] C'est une adaptation continue et fluide aux actions de ses concurrents [1].

Sans aucun doute cette adaptation est-elle ce qui garantit les meilleurs taux de retours sur investissement pour le capitalisme financier en général, et pour Marine Investissement en particulier. Mais cette permanente *adaptation aux axiomes d'un modèle caduc* est à terme mortelle pour l'industrie et le capitalisme en général : ce modèle adaptationniste est inévitablement pris dans le cercle vicieux entropique qui induit la dissociation, c'est-à-dire la désocialisation et la désindividuation, dont résulte la démotivation des producteurs aussi bien que des consommateurs, et qui est la concrétisation de la « baisse de la valeur esprit » – c'est-à-dire, tout aussi bien, la perte de l'esprit du capitalisme [2].

La *mise en place de politiques industrielles capables de former de nouveaux types de milieux associés, qui sont les seuls milieux où peut s'épanouir la vie de l'esprit*, et qui doivent en cela constituer la *base* d'une industrie de la connaissance et d'une société des savoirs, ne peut être qu'une action à long terme menée par une nouvelle puissance publique, internationale, et associant acteurs

---

1. *Les Dirigeants face au changement, op. cit.*
2. Ce point est développé dans *Constituer l'Europe 2. Le motif européen*, Galilée, 2005, chap. 2, p. 69 sq.

publics et acteurs privés dans le projet de fonder une nouvelle civilisation industrielle – nouvelle en cela que dépassant les apories d'une organisation fondée sur la dissociation, et ce dépassement ne coïncide manifestement pas avec les intérêts du capitalisme financier et planétaire. Par conséquent, il s'agit d'abord d'organiser une lutte contre la financiarisation, et pour la reconstitution d'un avenir capitaliste.

C'est parce que le modèle d'Ernest-Antoine Seillière est celui de l'adaptation, qui conduit à l'entropie, au renoncement à toute vision d'avenir et, en conséquence, au nivellement de toutes différences (au nihilisme, tel que Nietzsche l'avait annoncé), qu'il n'y a *aucun hasard* à ce que la désormais fameuse déclaration de Patrick Le Lay, qui est comme une *formulation remarquablement claire et concise de ce qu'il en est de la dissociation*, se trouve précisément quelques dizaines de pages après les propos de M. Seillière cités ci-dessus. Cette affirmation, selon laquelle il faut développer une « économie de la connaissance » fondée sur « une adaptation continue et fluide aux actions de ses concurrents », ce *plaidoyer pour un capitalisme cognitif adaptationniste*, c'est en effet ce qui constitue la préface de cette autre affirmation qui pose que le capitalisme culturel fait du temps de cerveau humain une marchandise, et, en tant que marchandise industrielle, un produit de série aussi parfaitement standardisé que possible, c'est-à-dire nécessairement, en l'espèce, *une absence totale de pensée*, et par conséquent, une *organisation systématique de la baisse de la valeur esprit* – et c'est *la logique même* : l'adaptation est ce qui conduit à cette *absence de conscience que constitue le renoncement à toute capacité de décider qu'il est possible de penser autrement.*

La déclaration de Patrick Le Lay est introduite sous ce titre éloquent : « TF1 – l'école de la réactivité » :

> Il faut que le cerveau du téléspectateur soit disponible. Nos émissions ont pour vocation de le rendre disponible [...]. Ce que nous vendons à Coca-Cola, c'est du temps de cerveau humain disponible [1].

L'*adaptation* posée comme principe managérial par le président de Marine Investissement est la *généralisation de la disponibilité des cerveaux*, et il s'agit ici des cerveaux des dirigeants des entreprises industrielles eux-mêmes, répondant aux injonctions de leurs actionnaires, au nom desquels parle Ernest-Antoine Seillière, à une *réalité externe dont le cours paraît ne comporter aucune alternative.* Ce fatalisme, qui a été tellement combattu par la pensée rationnelle, et en particulier par la philosophie des Lumières, c'est ce qui induit une régression sociale et morale sans précédent, et c'est ce qui conduit à une véritable catastrophe économique aussi bien que politique et civilisationnelle : c'est ce qui nie toute possibilité d'agir et de vouloir un avenir, c'est ce qui fait de l'injustice et du hasard la loi de toutes choses, et c'est ce qui est vécu comme une décadence insupportable qui pousse les personnalités les plus fragiles dans les extrémités mortifères et suicidaires.

Selon Ernest-Antoine Seillière, il faut s'adapter de façon « continue et fluide aux actions de ses concurrents » comme il faut s'adapter de façon continue et

---

1. *Les Dirigeants face au changement, op. cit.*, p. 92.

fluide au flux sans cesse renouvelé des produits de consommation, et c'est pour cela qu'il faut rendre les cerveaux humains disponibles à cette continuelle adaptation soit par des flux d'objets temporels industriels produits par des industries culturelles telles que l'entreprise de décervelage TF1, soit par une « économie de la connaissance » ne visant qu'à soumettre toute l'activité de l'esprit à ce *modèle adaptationniste, c'est-à-dire dissociationniste* – le problème étant que dans les deux cas, c'est l'esprit même qui est détruit, car l'esprit est avant tout ce qui est capable d'imaginer et de concrétiser des alternatives, et ce qui ne peut se constituer que comme *association des esprits*.

Précisons ici ce qu'il en est de cet associationnisme de l'esprit : apprendre la géométrie, c'est apprendre des théorèmes. Or, apprendre un théorème, c'est intérioriser la logique de ce théorème, c'est-à-dire littéralement le faire sien : c'est vivre ce théorème comme une *évidence*, c'est-à-dire que c'est reconstituer totalement le chemin qui conduit à cette évidence en faisant soi-même le chemin qui y conduit – et ce cheminement se dit en grec *methodos*. En aucun cas, en effet, un professeur de mathématiques n'attend de ses élèves qu'ils apprennent par cœur le théorème : une telle « adaptation » au cours de géométrie n'aurait rien à voir avec la géométrie – ce ne serait pas la *formation de l'esprit* des élèves, mais au contraire leur *déformation*, car la formation de l'esprit est son *ouverture*, et non son *contrôle*. Contrôler l'esprit, c'est inévitablement le détruire. Et c'est pourquoi les sociétés de contrôle conduisent inévitablement à la baisse de la valeur esprit.

C'est aussi la raison pour laquelle il faut absolument *organiser la lutte contre cette organisation systématique de la baisse de la valeur esprit* en quoi consistent l'adaptationnisme d'Ernest-Antoine Seillière et le populisme de Patrick Le Lay, qui en est le corrélat intrinsèque, et intrinsèquement débile – débile économiquement, politiquement, symboliquement et spirituellement : misérable, et sans vergogne.

Autrement dit, *il faut organiser systématiquement la lutte pour l'augmentation de la valeur esprit.*

Comme l'a montré naguère Noam Chomsky, le principe de la lutte idéologique qu'exprime le discours d'Ernest-Antoine Seillière consiste à poser qu'il n'y a pas d'alternative au cours des choses, et qu'il n'y a donc pas d'autre solution que de s'y adapter. C'est ce que Chomsky a appelé la logique TINA : *There Is No Alternative*. La réalité, au contraire, est que cette absence d'alternative à l'adaptation permanente, qui est l'imposition de la dissociation, c'est-à-dire de la désocialisation, conduit à l'effondrement du système.

La réalité d'aujourd'hui, c'est donc qu'*il n'y a pas d'alternative à un changement de modèle industriel*, et que *c'est en cela précisément qu'il s'agit de passer de la société de l'information, qui est la société de contrôle des technologies R, à la société des savoirs*, qui est la *généralisation des milieux associés sur la base d'une politique industrielle des technologies de l'esprit.*

Le modèle industriel des milieux dissociés conduit inévitablement au populisme industriel, qui est *ruineux pour la société, et donc, à terme, pour toute forme d'entreprise qui refuse de reposer sur le principe qu'après ses prises de bénéfice peut bien arriver le déluge.* Et à l'avenir, il faudra juger de la valeur des dirigeants des entreprises, privées et publiques, économiques et politiques, en fonction de leur capacité à intégrer cet impératif selon lequel la vie de leur entreprise ne doit pas compromettre l'avenir de l'entreprise humaine en particulier quant à ce qu'il en est de la valeur esprit et de leur propre activité dans ce domaine. Cette organisation n'aboutit pas du tout à une économie de la connaissance, c'est-à-dire à l'expansion des savoirs dans la société : elle constitue tout au contraire un processus d'avilissement généralisé, reposant sur ce qui est devenu un véritable populisme industriel.

Et pour que l'on se comprenne bien, je précise que j'appelle ici dirigeants d'entreprises publiques ou privées aussi bien les présidents et directeurs généraux des intérêts économiques *des* sociétés anonymes, que les hommes politiques, en charge de *la* société, telle qu'elle constitue l'unité de l'espace et du temps publics, et telle qu'elle ne peut que consister en une *as-sociation* des hommes qui la composent.

15. Changer de paradigme industriel

Il est clair que le temps de cerveau humain rendu disponible ne va pas dans le sens d'une « société de la connaissance » ou « des savoirs », ni même d'ailleurs de l'« information » : rendu disponible aux injonctions du marketing et de la publicité, il est automatiquement et systématiquement rendu indisponible – par les techniques du conditionnement pavlovien, c'est-à-dire du matraquage médiatique, induisant des comportements réflexes, et visant de plus en plus souvent les mécanismes pulsionnels – à toute faculté de *juger par lui-même*.

Il est ainsi, au contraire de ce qui conduit à une « société de savoirs », ce qui constitue le pire exemple de ce qui aura été appelé la société de contrôle – et qu'anticipèrent Ray Bradbury puis François Truffaut dans *Fahrenheit 451*. Il est intéressant de citer ici encore Patrick Le Lay en pensant à ce que décrivent ce roman et ce film :

> Nous sommes le seul produit au monde où l'on « connaît » ses clients à la seconde, après un délai de 24 heures. Chaque matin, on voit en vraie grandeur le résultat de l'exploitation de la veille [1].
>
> La « StarAc » est devenue un vrai phénomène de société : nous n'en sommes pas peu fiers. Nous enregistrons les meilleures audiences de l'année chez les jeunes, et c'est un programme qui n'est absolument pas déshonorant par rapport à notre image, au contraire. Pour moi, c'est l'exemple même d'une réactivité maîtrisée [2].

Un tel propos est clairement dénué du sens civique le plus élémentaire. On croirait lire le Père Ubu – celui

---

1. *Les Dirigeants face au changement, op. cit.*, p. 93.
2. *Ibid.*, M. Le Lay précise ici ce qu'il développait précédemment, à savoir que cette émission, *Star Academy*, aura été la réponse de TF1 au *Loft* de M6, qui ne lui « semblait pas coller avec l'image familiale de TF1. Mais derrière, nous avons signé un accord avec Endemol pour un concept plus soft d'émission de real-tv, avec des valeurs plus positives de travail et de réussite artistique : la Star Academy ». J'ai commenté certains aspects de ce concept de real-tv dans *De la misère symbolique 2*, p. 57 sq.

qui annonce précisément la venue de la société pulsionnelle.

Une société de savoir digne de ce nom, et l'économie de la connaissance qui la soutient, est nécessairement une société où tous, producteurs et consommateurs aussi bien qu'entrepreneurs et gouvernants, tendent à s'élever vers les formes toujours plus raffinées de la vie de l'esprit, où l'esprit est par principe ce qui constitue une conquête du meilleur sur le pire et en cela un combat permanent contre la régression, et ce, par une diversification toujours plus grande et une dissémination toujours plus ample des formes les plus socialisées du désir que sont les œuvres de la sublimation.

Autrement dit, au-delà de ce que l'on peut considérer soit comme de la bêtise, soit comme de la méchanceté, soit comme la simple vénalité qui rend toujours à la fois stupide et laid, ou, comme le dit si bien l'expression familière, « bête et méchant », les citations de cet ouvrage, *Les Dirigeants face au changement*, où M. Seillière en appelle à une plus grande intelligence sociale tout en préfaçant ainsi M. Le Lay qui décrit la façon dont TF1 préconise et organise délibérément, sans vergogne, et comme dans un terrifiant effet du « désenchantement du monde », l'abrutissement généralisé, ces citations expriment des contradictions qui doivent être analysées et surmontées, et qui sont celles qui conduisent à une débilité intrinsèque de la société industrielle – c'est-à-dire tout aussi bien, inévitablement, à une *hostilité* intrinsèque à l'encontre de l'industrie, et donc de l'entreprise capitaliste.

Surmonter ces contradictions suppose un changement d'axiomes de départ, c'est-à-dire de paradigme industriel : il y a manifestement là quelque chose qui « ne tourne pas rond ».

Or, ces contradictions sont en vérité celles-là mêmes de la « société de l'information », dont les enjeux réels nous sont cachés par la prose officielle de l'ONU aussi bien que par celle de la Commission européenne. Les changements d'axiome du paradigme industriel, qui seuls permettraient d'aller vers une société du savoir, et vers une économie de la connaissance, c'est-à-dire *vers un développement industriel des technologies de contrôle devenant des technologies de l'esprit*, sont des mesures à prendre non seulement au-delà des processus de Tunis aussi bien que de Lisbonne – par où M. Barroso a mis la société de l'information au cœur de la stratégie de l'Europe[1] –, mais en rupture explicite et totale avec eux, et ce, *par le passage organisé des milieux dissociés aux milieux associés.*

16. Société de l'information, désenchantement, démotivation et contrôle des savoirs

S'il peut être question d'« enchantement », pour le Medef, lorsque l'on parle de société et d'économie de l'information et de la connaissance, c'est que cette économie est aussi et d'abord libidinale, et que les questions afférentes à l'esprit ne sont jamais simplement celles de l'information, de la connaissance ni même du

---

1. C'est ce que l'on a appelé la « stratégie de Lisbonne ».

savoir, mais d'abord *celles des motifs* – de la *motivation*, et des raisons qu'elle permet de projeter au « plan qui m'enchante[1] ».

Or, ceci est la question de l'individuation psychique et collective : l'enchantement, comme projection du désir, est la seule possibilité de trans-former l'intérêt individuel en intérêt collectif.

Nous vivons à l'âge du capitalisme dit « culturel » ou « cognitif » qui, comme capitalisme hyperindustriel développant au maximum les effets des technologies R en tant que processus de dissociation, c'est-à-dire de désinviduation, porte à leur comble les contradictions de ce qui fut décrit par Max Weber il y a cent ans comme un désenchantement, mais tel qu'il relève lui-même du processus de grammatisation et en constitue une époque[2]. Le capitalisme cognitif consiste ici dans le *contrôle* des savoirs, ceux de la production aussi bien que ceux de la consommation, et dans leur intégration fonctionnelle par la R&D, le *design* et le marketing, lesquels consistent à leur tour dans le contrôle des savoirs de la conception : en amont de la production, il y a la conception (*design* au sens large), source de l'innovation et nouvel âge du concept.

Le problème est que ce contrôle conduit les savoirs à devenir eux-mêmes adaptatifs, c'est-à-dire entropiques – adaptés aux impératifs de la production soumise aux prescriptions des actionnariats – et non producteurs d'alternatives, c'est-à-dire de modèles de méta-transformation. Or, le savoir est *intrinsèquement*

---

1. Cf. *supra*, p. 96 sq.
2. Dans *De la misère symbolique 1, op. cit.*, chapitre 3.

contradictoire avec l'adaptation : il est critique par essence. Et c'est pourquoi l'adaptation est, au regard du savoir, intrinsèquement débile. C'est aussi en cela que le savoir est intrinsèquement as-sociatif : celui qui *sait* est intrinsèquement posé en situation légitime de *critiquer* ce qu'il sait, c'est-à-dire de *différencier et singulariser* ce savoir qui le constitue comme *sujet sachant*.

La société de l'information, en l'état actuel des choses, est ce qui systématise le *contrôle* des savoirs, c'est-à-dire *leur dissociation et donc leur destruction*, en sorte que :

a. *il s'agit d'un nouvel âge d'instrumentation de la recherche et de la pensée* où se produit une tendance entropique qui contredit la structure *consubstanciellement néguentropique* du savoir ;

b. ce nouvel âge d'instrumentation des savoirs correspond à des processus *simultanés* de pertes des *savoir-faire* et des *savoir-vivre* qui constituaient ensemble les modes de vie quotidiens il y a encore à peine quelques décennies ;

c. ces pertes de savoir-faire et de savoir-vivre sont des pertes *d'individuation*, c'est-à-dire de singularité, autrement dit de désir, et sont la réalité effective actuelle de la société dite « de l'information » ;

d. c'est d'abord pour lutter contre ces tendances à la perte de toutes les formes de savoirs que doit être élaborée une économie politique industrielle des technologies de l'esprit, et comme problématique générale d'une *écologie industrielle de l'esprit*.

17. La réinstrumentation des savoirs, avenir de la société hyperindustrielle

Il ne s'agit cependant en aucun cas, ici, de dénoncer l'instrumentation du savoir – pas plus que son industrialisation (puisque ses instruments sont aujourd'hui industriels). Il faut *au contraire* poser en principe que *toute* forme de savoir suppose une instrumentation : une techno-logique, qui la supporte et la conditionne.

Il y avait naguère à Paris, boulevard Bonne-Nouvelle – et c'est une très belle adresse –, une librairie qui portait cette enseigne : « Les instruments de la pensée ». Ce commerce était autrement dit celui des *hypomnémata* sans lesquels il n'y a *aucune pensée*. Les actuelles technologies de l'information et de la communication, devenues numériques, et qui forment la base des industries cognitives et culturelles, sont les nouvelles formes d'*hypomnémata* et en cela les nouveaux instruments de la pensée. Et tout comme l'imprimerie permit l'apparition de ces livres de comptes (le « livre de comptes » est aussi l'objet que désigne en grec l'*hypomnematon*, ainsi que le rappelle Michel Foucault[1]) qui ouvrirent l'ère d'une comptabilité rationnelle et donc du capitalisme que décrit Max Weber, en même temps qu'elle rendit possible au cours du même XVIIIe siècle la république des lettres, et, en cela aussi, un nouvel âge de l'esprit, appelé l'esprit des Lumières, les actuelles technologies de contrôle créent également et à leur tour les conditions d'une *critique* de ce contrôle, c'est-à-dire

---

1. « L'écriture de soi », dans *Dits et écrits 2 (1976-1988)*, Gallimard, coll. Quarto, 2001, p. 1234.

d'une *renaissance* de l'esprit – pour autant que nous, les supposés « gens d'esprit » et les citoyens, soyons capables de les faire accoucher de ce dont elles sont porteuses comme la promesse d'un nouveau stade du processus d'individuation à travers le stade le plus récent de ce processus de grammatisation en quoi elles consistent. Et cela suppose en tout premier lieu une critique philosophique – une critique au sens de Kant.

Une telle critique doit d'abord être celle du fait que la nouvelle instrumentation des savoirs induite par les nouvelles formes d'*hypomnémata* électroniques, analogiques et surtout numériques, conduit aujourd'hui à leur instrumentalisation. C'est là un fait – et ce fait consiste précisément lui aussi à dissocier les milieux cognitifs, c'est-à-dire à *prolétariser les chercheurs*, en les rendant dépendants de systèmes d'information concrétisant l'extériorisation des savoirs dans les milieux techniques informationnels dont les axiomes leur échappent précisément en ce qu'ils sont contrôlés par un *pouvoir cognitif* adaptationniste – mais ce pouvoir conduit à l'impuissance et à l'irrationalité de la société, intrinsèquement démotivée et sans projet.

Or, ce fait peut et doit être dépassé : on peut et on doit lui opposer un droit. Le dépassement de ce fait est le dépassement de l'organisation des sociétés de contrôle sous forme de milieux dissociés.

Cette organisation repose sur le contrôle des technologies hypomnésiques, et il s'agit donc de renverser la logique dissociative, qui est celle de ce contrôle, pour en faire une logique associative. Les technologies des actuelles sociétés de contrôle, en tant que milieux techniques cognitifs et culturels induisant structurellement la constitution de milieux humains associés, sont la possibilité même de l'individuation à venir – pour autant qu'ils soient autonomisés par rapport aux prescriptions hégémoniques des actionnariats. Il n'y a d'avenir qu'à la condition de faire des technologies de contrôle des technologies d'individuation – comme les technologies de contrôle des Mésopotamiens et des Égyptiens seront devenues, comme *hypomnémata*, celles de l'individuation grecque, productrice de cette nouvelle figure de la singularité qu'aura été le citoyen, inventant par là même ce qui distingue le droit du fait.

La poursuite de l'hyperindustrialisation est inéluctable : à cet égard, en effet, *there is no alternative*. Mais si l'hyperindustrialisation n'invente pas un nouveau modèle de développement, reposant non pas sur la décroissance, mais sur le dépassement de la société de consommation, c'est-à-dire de dissociation, et au profit d'une société d'association, cette société rencontrera un mur de façon tout aussi inéluctable, c'est-à-dire qu'elle se détruira comme sociation : comme processus d'individuation (collective aussi bien que psychique), et donc comme société, et avec elle, les sociétés anonymes (SA), les sociétés anonymes simplifiées (SAS), les sociétés à responsabilité limitée (SARL) et les sociétés civiles (SC).

Faute d'une telle initiative, c'est-à-dire d'une refondation de l'entreprise humaine en général, et comme entreprise civique [1], toute forme d'entreprise s'effondrera.

---

1. Ce que j'appelle ici « l'entreprise civique » n'est pas simplement l'entreprise citoyenne, telle que l'avait entendue Jean Gandois lorsqu'il présidait le CNPF – lequel devait donc devenir le Medef lorsque Ernest-Antoine Seillière l'aurait remplacé.

Il n'y a donc pas d'alternative à la société hyperindustrielle pour autant que celle-ci se concrétisera comme modèle industriel alternatif des milieux associés, c'est-à-dire comme véritable alternative à une société industrielle dont l'organisation est devenue totalement obsolète et nuisible, parce que constituant un obstacle au développement des sociétés humaines : à leur trans-formation [1].

C'est cette alternative, comme alternative à l'absence prétendue d'alternative, qui est en effet sans alternative, et qui constitue en cela la condition *a priori* de toute société digne de ce nom, c'est-à-dire porteuse d'un avenir, constituant autrement dit une alternative à la catastrophe que tout un chacun sent aujourd'hui venir – quels que puissent être les processus de dénégation de ce pressentiment dont l'abrutissement des esprits est à la fois la cause et l'effet (cause et effet du pressentiment

---

Il est intéressant de se souvenir qu'à propos de ce remplacement, Jean Gandois déclara qu'il fallait désormais un « tueur » à la tête du syndicat patronal des entreprises françaises – situation très instructive sur ce qu'il en était, dès lors, de « l'état d'esprit » du capitalisme français : peu brillant, et surtout *très mauvais exemple* en matière de civisme et de sociabilité, en particulier aux yeux de la jeunesse, qu'il s'agissait de convaincre que l'existence humaine n'est finalement qu'une concurrence réductible à des lois de l'évolution, elles-mêmes soumises à la *fatalité* de la lutte pour la vie, ce qui est évidemment *la négation même de toute civilisation*, et le « credo » d'un ultralibéralisme vulgaire à l'extrême.

Le « tueur » en question venait donc du capitalisme financier, quoique héritier de ce qui fut, comme sidérurgie, l'un des piliers du capitalisme industriel français. Gageons que son remplacement récent par Laurence Parisot, présidente d'une société de services, donne à espérer la renaissance d'un sens des responsabilités civique dans le patronat français.

1. Sur ce concept, cf. *supra*, p. 41 sq.

et de sa dénégation) : hors de cette alternative, aucun avenir n'est possible.

Cette alternative qui n'a donc pas d'autre alternative qu'une catastrophe est configurée par les limites au-delà desquelles la société hyperindustrielle devient, comme désenchantement et disparition de toute motivation, auto-destructrice en son propre sein, saturée par d'innombrables phénomènes de congestions urbaines (saturation automobile par exemple), physiologiques (cholestérol, toxicités diverses, obésité, etc.) ou mentales (saturation cognitive et saturation affective), avec leurs cortèges de cercles vicieux, effets secondaires et situations d'addiction, tandis que, par ailleurs, dans les autres régions du monde, qui sont aussi les plus déshéritées, bien plus encore que dans les sociétés hyperindustrielles, tous les systèmes humains traditionnels (tels le système démographique et l'écosystème géographique) s'approchent du moment de leur passage aux limites dans le sens où René Passet a défini cette expression [1], et a décrit son sens dans la situation économique contemporaine.

Ma thèse est que la limite commune à toutes ces limites est la dissociation, et que la possibilité d'une conséquence positive de la situation est que les technologies constitutives de nouveaux milieux associés offrent à l'alternative ses perspectives concrètes ou, comme l'aurait écrit Hegel, « effectivement réelles ». Là est la seule possibilité réelle d'une société fondée sur un nouveau savoir, et, en quelque sorte, sur une renaissance des savoirs et, avec eux, sur une renaissance de la

---

1. René Passet, *L'Économique et le Vivant*, Economica, 1996.

société industrielle et démocratique, qui, pour le moment, s'effondre dans la télécratie, nom italien du populisme industriel qui est aussi, dans le cas de Berlusconi, politique, tandis que le capitalisme dans son ensemble pose par ailleurs que l'avenir est dans les industries de la connaissance – et ce, précisément et strictement dans la mesure où le processus d'individuation technique est parvenu au stade numérique de la grammatisation.

La possibilité alternative ne sera gagnée qu'à travers une nouvelle instrumentation des savoirs – des savoir-faire aussi bien que des savoir-vivre et des savoirs théoriques –, elle-même permise par les technologies culturelles et cognitives devenant des technologies de milieux associés et luttant en cela à la fois contre l'instrumentalisation des savoirs, contre la dissociation qui en est la condition, et contre la prolétarisation généralisée qui dégoûte aussi bien les consommateurs que les producteurs et même, désormais, les « concepteurs », qui « conçoivent » d'autant moins qu'ils s'adaptent.

Seule une telle élévation de l'intelligence collective, issue d'une renaissance des diverses formes de savoirs humains (ce que Husserl aurait aussi appelé une « réactivation »), permet d'imaginer que soient franchies les limites décrites par René Passet comme surexponentielles, et que soient inventés, face aux saturations démographiques et industrielles, et face à l'augmentation effroyable des besoins vitaux auxquels une immense partie de la planète est encore soumise et réduite, les nouveaux systèmes techniques, économiques et politiques définitoires du cadre de vie humain, et les nouveaux rapports qui doivent être instaurés entre ces systèmes.

Les limites dites surexponentielles sont atteintes au moment où l'homme, qui s'est mis à proliférer démographiquement au cours de deux ou trois millions d'années qui défient l'analyse de Malthus (parce qu'il n'est pas soumis au jeu de la prédation et de la défense naturelles, contrairement aux affirmations du darwinisme social, qui n'a jamais été le point de vue de Charles Darwin lui-même, mais de son cousin Francis Galton, ou encore de Herbert Spencer et d'Oswald Spengler), a dans le même temps vertigineusement augmenté sa consommation calorique individuelle – près d'un facteur cent pour ce qui concerne les États-Unis :

> L'homme primitif, avant l'invention du feu, ne dépensait que [...] 2 à 3 000 kilocalories par jour.

Il en consomme aujourd'hui

> 150 000 en Europe et plus de 230 000 aux États-Unis.

À ces chiffres correspond une croissance démographique dont le rythme est devenu au cours du dernier siècle surexponentiel dans la mesure où « ce sont les taux d'accroissement qui croissent exponentiellement » :

> La période de doublement de la population mondiale n'a cessé de se réduire au cours des temps : estimée à 1 500 ans pour la durée qui s'étend du néolithique au milieu du XVIIe siècle, elle s'abaisse à 200 ans de cette époque au milieu du XIXe siècle, 80 ans de cette période à l'année 1930, 45 ans entre les années 1930

et 1975 et 37 ans à partir de cette date. Ce sont donc des taux d'accroissement qui croissent exponentiellement, ce qui conduit certains auteurs à parler de *croissance surexponentielle*[1].

Là est le motif du pessimisme de Claude Lévi-Strauss[2], et là est le véritable enjeu d'une « société de l'information » devenant une nouvelle société industrielle et civilisée par la généralisation et la socialisation des technologies de la communication et de l'information comme technologies de l'esprit, ce qui est devenu possible parce que la convergence numérique de toutes ces industries, comme nouveau stade de la grammatisation, induit une mutation industrielle où tous les rôles sont en cours de redéfinition : nous vivons dans une période où, contrairement à ce que voudraient nous faire croire le fatalisme qu'est l'adaptationnisme fanatique de M. Seillière, et cette forme d'intégrisme du marché qui constitue la base de ce que l'on a appelé la « pensée unique », qui est ce que décrit cette logique TINA (*there is no alternative*) pensée et combattue par Noam Chomsky, il devient à la fois possible et indispensable de changer et d'inventer beaucoup de choses.

Il ne s'agit donc pas de dénoncer le devenir hyperindustriel des savoirs : il s'agit de le penser et en cela de le critiquer, c'est-à-dire de discerner à la fois d'une part sa nécessité et son sens historiques (comme stade de la grammatisation), et d'autre part sa limite intrinsèque (comme dissociation par les technologies R et de

---

1. René Passet, *L'Économique et le Vivant, op. cit.*, p. 19.
2. Cf. *Constituer l'Europe 1. Dans un monde sans vergogne*, Galilée, 2005, p. 35 sq.

contrôle), pour qu'il puisse se transformer en avenir possible : la question est celle, s'il faut employer ce langage, d'un développement durable de l'esprit à son époque hyperindustrielle.

Ce développement durable passe en particulier par la conception d'une instrumentalité numérique ayant véritablement statut de technologie de l'intellect, et qui ne peut pas être conçue et développée selon les modèles d'innovation industrielle actuellement en vigueur.

Ceux-ci sont en effet incompatibles avec ce qui fait la « valeur esprit », et pour au moins deux raisons.

18. *Savoir et information*

La première de ces raisons est que la technologie informationnelle, en tant qu'elle vise essentiellement la *maîtrise* d'une information constituant une valeur *marchande*, est ce qui produit une valeur qui est *par essence entropique :* en tant que marchandise, une information est ce dont la valeur décroît nécessairement avec le temps[1].

Or, le savoir est par essence néguentropique : par nature, le savoir est ce dont la valeur se maintient, et même s'*intensifie* (la notion d'augmentation est *stricto sensu* inappropriée pour évaluer une qualité : elle nécessite de penser en termes de grandeurs intensives –

---

1. Sur la question de la valeur et de l'esprit, et donc du désir, cf. la communication où Georges Collins, dans le séminaire *Trouver de nouvelles armes*, s'attarde sur l'économie de Léon Walras, auteur des *Éléments d'économie politique pure* et père de la théorie de l'équilibre général. L'enregistrement de cette communication se trouve en format MP3 téléchargeable sur le site d'*Ars Industrialis*, www.arsindustrialis.org

qu'on l'entende au sens d'Emmanuel Kant ou de René Thom) et s'enrichit avec le temps. On peut même dire que le savoir est ce qui *constitue* le *temps de l'existence*, en tant que ce qui organise les époques et les processus de ruptures historiques sur le fond d'une *essentielle cumulativité formalisant l'expérience humaine psychique* en vue de sa *transmission sociale*.

C'est en cela que les « sociétés de savoir », si elles devaient demeurer des sociétés dominées par les technologies de l'information, celles-ci étant exclusivement et systématiquement mises au service de la dissociation, pourraient s'avérer constituer l'époque de la fin des savoirs eux-mêmes, c'est-à-dire la fin de ce qui se maintient à travers le temps tout en s'y transformant – et qui est la forme la plus noble de la métastabilisation en quoi consiste l'individuation comme transindividuation, dont nous avons vu dans le chapitre précédent comment les sociétés de service la court-circuitent, c'est-à-dire la rendent impossible.

La société de l'information, l'économie de la connaissance et le capitalisme cognitif où se développent les entreprises de services sont tels que le savoir y devient un pouvoir en tant qu'il est devenu informationnel. Jean-François Lyotard écrivait déjà en 1979, dans *La Condition postmoderne*, que

> le savoir est et sera produit pour être vendu, et il est et sera consommé pour être valorisé dans une nouvelle production : dans les deux cas, pour être échangé. Il cesse d'être à lui-même sa propre fin, il perd sa « valeur d'usage »[1].

---

1. Jean-François Lyotard, *La Condition postmoderne*, Minuit, 1979, p. 14.

Il y a là, concernant l'esprit, un conflit entre deux conceptions de la v*aleur*, qui sont deux rapports au temps. Le devenir-producteur du savoir, sa soumission aux impératifs du développement économique, qui est la performativité par laquelle Lyotard caractérisait la « post-modernité »[1], conduirait ainsi à un

> retour dangereux à la connaissance positive ou positiviste [qui devient un savoir-faire et qui] a tendance à être un faire sans savoir[2].

L'information-marchandise, qui est la vérité de l'informationalisation des savoirs, est par essence entropique, tandis que le savoir est par essence néguentropique : il y a une contradiction interne aux sociétés de savoir telles que les portent les technologies de l'information et de la communication. Et *telle est la conséquence de la dissociation : les milieux associés sont néguentropiques dans la stricte mesure où ils intensifient l'individuation des individus psychiques aussi bien que des individus collectifs, qui s'élèvent ainsi de concert, au contraire des sociétés dissociées où l'échange social, réduit au seul commerce marchand, éliminant les autres formes du commerce humains que l'on appelle aussi bien les savoir-vivre que les savoir-faire et les savoirs théoriques, tend à s'homogénéiser* – notamment comme « homogénéisation de la consommation », ainsi que l'admet et même le revendique Ernest-Antoine Seillière.

Une « société du savoir » qui ne serait pas soumise à une critique – et en particulier, à celle qui saurait tirer

---

1. J'ai commenté ces analyses en termes de performativité dans *Constituer l'Europe 2, op. cit.*, chap. 1, p. 33 sq. et 53 sq.
2. E. Portella, *Diogène*, n° 197, p. 5.

les conséquences de sa tendance à la dissociation et qui saurait ainsi ouvrir la possibilité de trans-former les technologies numériques en nouveaux milieux associés – serait donc exposée à une *fragilité intrinsèque* (conséquence de sa débilité intrinsèque).

La critique est alors ce qui doit proposer, sur la base d'une analyse techno-logique du processus de grammatisation, une nouvelle organisation du savoir et un *renversement des effets entropiques de l'information*.

La contradiction interne des « sociétés de savoir » qui ne remettraient pas en cause les modèles industriels des « sociétés de l'information », c'est-à-dire du contrôle et des technologies R, constitue une question d'écologie industrielle de l'esprit. Mais l'esprit ne peut connaître des problèmes d'écologie industrielle que dans la mesure où il n'y a pas d'esprit sans milieu matériel qui vienne le supporter. C'est ce que montrent aussi bien Husserl (*L'Origine de la géométrie*) que Leroi-Gourhan (*Le Geste et la Parole*) ou plus récemment Goody (*La Raison graphique*).

S'il doit y avoir un passage d'une société de savoir (c'est-à-dire de mémoire) *mnémotechniquement* constituée à une société de savoir et donc de mémoire *mnémotechnologiquement* constituée, ce devenir n'est en rien une perte de mémoire pour une conquête de savoir, contrairement à ce qu'a prétendu Michel Serres[1] : celui-ci a soutenu en effet que nous passerions

---

1. Michel Serres, « La culture est-elle menacée ? » Ce texte, présenté à l'UNESCO lors de la 17e séance des Entretiens du XXIe siècle le 9 mars 2001, a fait l'objet d'une publication partielle dans *Le Monde diplomatique* (septembre 2001).

des sociétés de mémoire aux sociétés de savoir par l'extériorisation de la mémoire dans les machines, ce qui nous permettrait de nous consacrer tout à fait à développer nos savoirs. Cette analyse totalement oublieuse aussi bien de Platon que de Hegel et de Marx semble ignorer que l'extériorisation de la mémoire est l'origine même de l'homme, et qu'elle est du même coup, et dès cette origine, la condition d'un savoir qui est lui-même extériorisé : la mémoire est d'emblée extériorisation ré-intériorisée en nouveaux comportements intellectuels et moteurs [1], et elle est toujours déjà « collective et objective », et c'est aussi pourquoi le processus d'extériorisation est un processus de grammatisation.

19. *Savoir et mémoire, ou règne de l'ignorance ?*

Que Platon ait conçu l'extériorisation de la mémoire (dans *Phèdre*) comme une perte d'*anamnèse* – c'est-à-dire de savoir –, au profit d'une *hypomnèse* qui en serait la contradiction, ne nous oblige pas à raisonner comme lui. *Phèdre* est en effet le dialogue où l'écriture est présentée comme une extériorisation de la mémoire qui signifie la mort de celle-ci, la mémoire véritable étant celle de l'âme, c'est-à-dire la mémoire vivante. En réalité, Platon ignore ici précisément que la condition de la mémoire vive, c'est qu'elle puisse se projeter hors d'elle-même pour *dépasser sa finitude rétentionnelle*, ce

---

1. J'ai développé le thème d'une *motricité intellectuelle irréductible* dans *La Technique et le Temps 3*, *op. cit.*, p. 213.

qui permet aussi, et en particulier, la transmission de la mémoire entre les générations[1].

En revanche, on peut en effet prendre en compte la *menace que constitue une extériorisation qui ne verrait pas la mise en place de dispositifs d'intériorisation corrélatifs*, « intériorisation » signifiant ici « individuation », et qui induirait en cela de véritables *pertes de savoir, c'est-à-dire d'individuation*. Ainsi, l'école (grecque ou moderne) est-elle l'organisation qui, appuyée sur l'existence des livres et comme lieu d'apprentissage de l'écriture (instruction élémentaire), permet aussi de ré-accéder en abrégé à l'histoire des savoirs littéralisés, et, ainsi, de les adopter et de s'individuer à partir de ce que, comme passé des connaissances, ils permettent d'élaborer comme avenir[2].

La société de savoir, si elle s'avérait ignorante de la nécessité d'organiser la capacité anamnésique individuelle et/ou collective par l'organisation d'une appropriation sociale des nouveaux dispositifs hypomnésiques (c'est-à-dire des mnémotechnologies informationnelles) dont les termes seraient définis par une politique des technologies de l'esprit et mis en œuvre par une nouvelle puissance publique au niveau européen, pourrait en effet, et sans aucun doute, être une société de non-savoirs, non pas au sens socratique (ni au sens où Charles Lenay a développé à l'université de Compiègne le thème

---

1. C'est l'argument dont les trois premiers tomes de *La Technique et le Temps* analysent les conséquences.
2. Sur ce sujet, cf. la séance du séminaire *Trouver de nouvelles armes* animée par Catherine Perret et Bernard Stiegler et consacrée à l'éducation sur le site www.arsindustrialis.org, téléchargeable en MP3.

d'une cognition de l'ignorance), mais bien au sens d'un nouvel âge du *règne de l'ignorance*.

Ce que j'appelle ici *capacité anamnésique*, reprenant l'origine même de ce qui définit le savoir aux yeux du philosophe contre le sophiste, c'est une désignation antique de ce que je caractérisais précédemment comme le caractère néguentropique du savoir, c'est-à-dire sa revenance, par exemple la revenance de la géométrie euclidienne dans la pangéométrie de Lobatchevsky. Husserl avait analysé cette *irréversibilité* du savoir comme processus de *réactivation* permanente de l'origine du savoir dans son devenir même[1].

Or, la mémoire est anamnésique dans la mesure où elle est l'individuation psychique d'un milieu associé, et qui se trans-forme en individuation collective comme transindividuation. Pour le dire autrement, la grammatisation peut toujours produire de la dissociation, c'est-à-dire de l'entropie, aussi bien que de l'association, c'est-à-dire de la néguentropie. Organiser la néguentropie, c'est-à-dire l'augmentation de la valeur esprit, c'est donc produire de l'association et développer la capacité anamnésique des individus psychiques aussi bien que des individus sociaux par une socialisation de la nécessaire instrumentation des savoirs qui lutte contre leur entropisation, c'est-à-dire contre leur instrumentalisation, telle qu'elle peut conduire non pas aux sociétés de savoir, mais au règne de l'ignorance.

Une telle politique est à la fois une politique d'instrumentation de la recherche et de recherche sur l'instrumentation, une politique industrielle de développement

---

1. Husserl, *La Crise des sciences européennes et la phénoménologie transcendantale*, Gallimard, 1989.

des instruments du savoir, une politique de transmission et d'éducation qui permette l'intériorisation de ces instruments par la mise en œuvre de pratiques, et une politique de développement des industries éditoriales sans lesquelles il n'y a pas de fonctions heuristique et éducative possibles – et où la télévision, comme industrie de programmes concurrençant les institutions de programmes, joue un rôle déterminant, et doit donc évoluer dans son concept industriel, à la faveur d'une politique de recherche et développement adaptée, et être *soumise à de nouveaux types d'obligations.*

20. Le risque de la désindividuation comme croissance de l'ignorance plutôt que du savoir

L'informationnalisation des savoirs constitue à la fois une indiscutable menace de dissociation, c'est-à-dire le risque de voir apparaître une « société » de l'ignorance, et une indiscutable chance de constituer, par un nouveau stade de l'extériorisation, plus rationnel et efficient, une intensification et un saut qualitatif du savoir comme individuation à la fois psychique et collective, c'est-à-dire : un nouvel horizon instrumental de la transindividuation.

Mais dans la mesure où

— d'une part, cette informationnalisation est devenue une numérisation qui, comme convergence technologique et industrielle, intègre les instances de conception, de production et de consommation en un seul et même système cognitif, et où, en particulier, la télévision et les médias de masse deviennent ou deviendront sous peu des acteurs dans ces trois instances,

— d'autre part, les « temps de cerveaux disponibles » sont massivement accaparés, comme processus attentionnels, à commencer par ceux des enfants, c'est-à-dire dans la période essentiellement vouée à l'éducation, par les médias de masse en tant que ce sont des milieux techniques dissociés, là où le réseau IP, et en particulier ce que l'on appelle aujourd'hui le Web 2.0., ouvrent des possibilités techniques d'association,

— la question des sociétés de savoir est *d'abord* celle de la place de la télévision dans la société de demain, des nouvelles relations qui devront se nouer entre la télévision et les médias numériques, et de la politique publique qui est de toute évidence requise, et entièrement à inventer, en cette matière. C'est d'autant plus indispensable que la convergence des médias de masse avec le milieu associé du réseau IP favorise la réintroduction d'une logique de dissociation dans celle de l'association – et c'est ce que l'on appelle la tendance *push*, c'est-à-dire celle qui utilise le réseau comme un nouveau déversoir de programmes parmi d'autres, reconstituant le contrôle attentionnel par l'intermédiaire de cette nouvelle réticularité qui a pour caractéristique de permettre de suivre la conscience ou le « cerveau disponible » en tous temps et tous lieux, tandis que la tendance associative est dite *pull*, c'est-à-dire reposant sur l'initiative et l'activité du destinataire, qui devient ainsi destinateur, et qui s'individue tout en individuant le milieu et ceux qui en sont destinataires et destinateurs comme lui.

L'individuation est toujours à la fois psychique et collective, et c'est précisément cet *à la fois* qui constitue le savoir en tant quel tel, et comme lien originaire et indissoluble formant un monde et lui donnant sa saveur : c'est précisément dans la mesure où le savoir n'est *savoir* qu'aux conditions de son *partage*, de son devenir-public, que le *je*, comme *individu psychique*, ne peut être pensé qu'en tant qu'il appartient à un *nous*, qui est un *individu collectif*.

L'enjeu d'aujourd'hui n'est donc pas, comme le croit Michel Serres découvrant tardivement et hâtivement Leroi-Gourhan, qu'il prend pour un « historien », une perte de mémoire – puisque l'extériorisation de la mémoire est originaire comme organisation de l'inorganique, comme extériorisation primaire nécessitant une ré-intériorisation appropriée : l'enjeu est le danger d'une perte d'individuation induisant des déplacements entre les instances d'individuation, comme il y en eut tout au long de l'histoire de l'humanité[1], avec ceci cependant que le risque d'entropie signifierait non seulement que l'instance d'individuation se déplace et se réorganise, mais qu'elle s'affaisse, c'est-à-dire que l'individuation, comme néguentropie, s'affaiblit du fait d'un conflit entre le psychique, le collectif et le machinique qui ne parvient pas à se résoudre, et qui est *induit par un blocage résultant de la caducité d'un modèle industriel dissociant* que le capitalisme financier mondial *impose* cependant à la société qui s'y défait – et ce, afin de maintenir des rentes de situation exorbitantes

---

1. J'ai esquissé une analyse de pertes d'individuation successives qui marquent l'histoire de l'Occident dans *De la misère symbolique 1, op. cit.*, chap. 3.

et ruineuses, où c'est le capitalisme lui-même qui est en train de se détruire.

La question de la réorganisation de l'appropriation par l'ajustement de la société et de l'appareillage numérique, c'est-à-dire de l'individuation psycho-sociale et de l'individuation techno-logique où se forme la nouvelle instrumentalité informationnelle des savoirs, c'est donc l'enjeu d'un nouveau modèle industriel : ce n'est qu'en tant que telles – qu'en tant que nouvelles formes de sociétés industrielles – que pourront se développer de véritables sociétés de savoir.

Autrement dit, et à l'inverse, le risque de la croissance de l'ignorance, plutôt que du savoir, serait celui d'un processus de désindividuation entropique par défaut d'appropriation de la structure hypomnésique informationnelle comme nouveau milieu associé.

21. *Saturation cognitive et* knowledge management

Le fait dominant est aujourd'hui la perte d'individuation comme paupérisation (appauvrissement cognitif) et l'augmentation de l'information au détriment du savoir. C'est ce qui a été analysé par exemple comme *cognitive overflow syndrom*, lequel, au lieu de faciliter la prise de décision (la synthèse qui doit succéder à l'acquisition analytique de connaissances), la paralyse : l'information ne se transforme pas en connaissances ou en savoir-faire, mais en accumulation de données intraitables.

À ces difficultés tentent de répondre les outils de *knowledge management* selon des modèles qui ne sont pas *cognitifs*, au sens où l'on parle de connaissance en science, mais *managériaux* : est dit ici « cognitif » ce qui permet de prendre une décision. Ces outils ont leur nécessité et leur efficacité, mais ils ne répondent pas à la question de l'entropie informationnelle telle qu'elle est posée au monde scientifique.

De fait, en particulier dans le domaine des sciences humaines et, plus généralement, des instruments qui permettent *la communication et l'échange scientifique* comme le fit auparavant l'écriture (et c'est par ces instruments banals que se forment les communautés scientifiques), *l'instrumentation récente des activités de savoir, aussi bien d'enseignement que de recherche, a résulté d'effets secondaires de matériels, logiciels et services issus du secteur tertiaire*, et en premier lieu de la bureautique.

C'est d'autant plus paradoxal que l'informatique fut d'abord scientifique, puis devint informatique de gestion et, lorsqu'elle atteint le stade de la micro-informatique, bureautique. Or, depuis la fin des années 1970, et précisément à l'époque de *L'Informatisation de la société* signé par Simon Nora et Alain Minc, la logique s'est renversée : l'informatique étant devenue un marché grand public, les logiques d'investissements et les objectifs de rentabilisation à court terme ont systématiquement privilégié les applications non savantes, aussi bien dans le secteur tertiaire que dans le domaine du divertissement, en particulier celui du jeu vidéo.

Cette évolution a évidemment ainsi permis d'installer la base sociale d'un vaste processus d'individuation constituant la possibilité même d'un nouveau type de milieu technique associé. Mais la condition pour que ce milieu syncristallise, comme dit Simondon – c'est-à-dire pour qu'il se constitue en nouveau type de processus d'individuation –, c'est qu'il soit catalysé par des énoncés de savoir nouveaux ; et la condition pour que se produisent ces nouveaux énoncés réappropriables par le milieu associé dans son ensemble, c'est-à-dire comme transindividuation, c'est qu'une instrumentalité appropriée s'y développe, comme instrumentation nouvelle et spécifique des savoirs : comme instrumentalité spirituelle au sens où Mallarmé écrit à la fin du XIXe siècle « Le Livre, instrument spirituel [1] ».

Il n'échappait certes pas à Mallarmé qu'il y a dans cette expression, « instrument spirituel », une antithèse, et c'est dans ce jeu rhétorique, sous-titrant un passage de *Quant au Livre*, qui est un manifeste, qu'il entendait engager son lecteur. Jeu rhétorique qui n'est jamais, chez Mallarmé, une fioriture pour des arguments sérieux ou prosaïques, mais la poésie même. C'est à dire la pensée. En quoi consiste donc l'antithèse ? En ce que l'esprit serait ce qui déborde l'instrumentalité et l'instrumentalisable, l'instrument étant du côté du matériel, c'est à dire du contingent, du corruptible, qui disparaît précisément en cela que corruptible, quand le spirituel est au contraire ce qui revient, résiste, *consiste* : ré-apparaît, ne disparaît pas.

Pourtant, à quelles conditions peut-il y avoir mortalité des civilisations, comme l'aura dit Valéry, sinon celle de la *fragilité* de l'esprit ? La découverte de cette fragilité serait aussi ce qui provoque encore aujourd'hui

---

1. Mallarmé, *Œuvres complètes*, Gallimard, Bibliothèque de la Pléiade, t. II, 2003, p. 224.

une grande crise de l'esprit. C'est à dire aussi un grand moment spirituel – et qui pour Mallarmé s'ouvre déjà comme une « crise de vers ».

Lorsqu'il se réfère à Frazer et à la peur des morts, à la revenance des morts, de ceux qui ont vécu, lorsqu'il interroge la présence du non-vécu mort dans le vif du vécu, du présent vivant, Valéry poursuit la pensée spirituelle de ces morts que sont Pascal ou Comte, déclarant eux-mêmes que « l'humanité est un homme qui vit toujours et qui apprend sans cesse », que « l'humanité se compose de plus de morts que de vivants ».

Question qui hantera aussi Husserl, qui analyse dans les *Recherches phénoménologiques pour la constitution* [1] ce qu'il nomme les *objets investis d'esprit* – le livre, mais aussi la cuiller – sans lesquels il n'y aurait pas de monde humain, pas de science, et qui prend toute sa dimension dans *L'Origine de la géométrie*, où il apparaît, véritable coup de théâtre sur la scène de la phénoménologie, que la possibilité de l'idéalité, c'est l'instrumentalité ortho-graphique.

Il y a donc quelque chose qui *supporte* l'esprit, et cette chose est *matérielle*, *contingente* et *instrumentale*.

Les instruments de l'esprit ne suffisent sans doute pas à donner l'esprit : ils sont morts. Or, l'esprit n'est que pour un vivant. Mais il n'est que pour un vivant comme ce qui *a été* vivant, mais ne l'est plus. Il n'est que pour un vivant comme trace de la *fragilité* de la vie – et avec elle, de *l'esprit lui-même*, dont il faut donc *prendre soin* (en grec *therapeuma*).

Reste qu'il y a une vie de l'esprit. Et une telle vie est toute *empreinte* de technicité, tandis que la technicité

---

1. PUF, coll. Épiméthée, 1996.

contemporaine ouvre une nouvelle vie spirituelle. Car au-delà du livre, il y a ces *nouveaux instruments spirituels* que sont les *hypomnémata* analogiques et numériques. Comment les penser ? Et comment affectent-ils, par exemple, cette bibliothèque que Google veut numériser, à quoi le président de la République française et celui de la Bibliothèque nationale de France croient devoir et pouvoir opposer la conception d'un « Google européen » – comme s'il s'agissait simplement de mimer en plus mal la conception américaine des instruments de *navigation dans l'esprit* que sont les moteurs de recherche, et comme si la BNF n'avait jamais posé cette question, alors qu'elle était à l'origine même, apparemment tout à fait oubliée aujourd'hui[1], de son projet, tout comme elle constituait déjà le thème central de l'exposition *Mémoires du futur* présentée au Centre Pompidou en 1987 ?

Qu'est-ce que la bibliothèque ? Si l'on en croit l'antithèse mallarméenne, la bibliothèque serait d'abord le lieu d'une spiritualité instrumentale. Par conséquent, elle serait un lieu de « production », car l'instrument instruit une matière, qu'il trans-forme. Elle serait le

---

1. Et c'est pourquoi fut créé le groupe de travail sur la lecture assistée par ordinateur, à l'initiative d'Alain Giffard et de Jean Gattegno, que j'ai présidé entre 1989 et 1992, et qui aboutit à la réalisation, par la société AIS-Berger Levrault, sous la direction de François Chahuneau, d'un prototype industriel dont le développement fut interrompu en 1993, au moment où Édouard Balladur prit la tête du gouvernement français. Ce prototype, qui existe toujours, ne demande qu'à être réactualisé : les concepts qu'il développait sont tout à fait confortés par le développement de ce que le groupe W3C, qui pilote l'évolution du réseau internet, appelle le Web 2.0.

lieu de la vie de l'esprit, c'est à dire de sa genèse – mais de sa genèse *matérielle*. Bref, la bibliothèque est un lieu d'écriture. Elle est à la fois le lieu de la conservation et de l'élaboration des savoirs, c'est à dire de leur mémoire. Mais cette mémoire est morte : supportée par des objets inorganiques et cependant organisés, ceux que Husserl nomme les « objets investis d'esprit ». Et d'autre part, la bibliothèque se trans-forme en réseau, c'est-à-dire qu'elle se numérise – et requiert en cela de « nouveaux instruments spirituels ».

Quant au livre... lui-même, il est donc un instrument spirituel, c'est à dire un tel objet inorganique et cependant organisé, *et en cela* investi d'esprit. Et s'il en va ainsi, si l'esprit est ainsi ce qui se tient dans le mort qui devient par là même organe, c'est à dire instrument (de l'esprit, qui a donc, sinon des mains pour le tenir, du moins quelque chose comme un corps étrange), c'est parce que

> méditer, sans trace, devient évanescent[1].

C'est autrement dit parce que la mémoire, la rétention, est constitutivement finie, tandis que l'esprit est in-fini. Et il faut donc que l'esprit, par ses instruments, *garde* la trace. Mais il faut alors s'intéresser aux instruments et à leur facture : il y a le *facteur démiurgique* des instruments de l'esprit. Il est beaucoup trop souvent oublié – surtout *au moment où les instruments spirituels deviennent aussi industriels. Cet oubli devient alors celui de la valeur esprit.* Et c'est l'oubli des pouvoirs

---

1. Mallarmé, *Œuvres complètes, op. cit.*, p. 215.

publics, qui sont les premiers en charge de cette valeur, de sa fragilité, et du soin qu'il en faut prendre[1].

On n'y comprend rien si l'on ne pose pas que l'esprit, c'est ce qui, toujours déjà, s'est mis en garde contre le vivant, s'est mis *hors* du vivant pour pouvoir se garder, pour l'avenir de la vie, pour les vivants à venir, et peut-être en se protégeant des vivants présents, du présent vivant. Il y a une extériorisation originaire de la mémoire de la vie pour l'au-delà de la vie présente, il y a, dans le vécu, du non-vécu, et c'est pourquoi l'esprit est ce qui se transmet, ce dont on hérite, et ce qui nous a toujours déjà précédés. La bibliothèque est l'un des milieux par excellence de cette pré-cédence, et ce milieu est *spirituel par excellence* – avec ceci cependant qu'il *passe dans le réseau*, comme milieu associé précisément, et qu'*il serait temps de se donner les moyens de penser les conséquences immenses, précisément sur le plan spirituel, de ce devenir à la fois exaltant et effrayant* : exaltant comme nouvelle perspective d'action d'une nouvelle forme de puissance publique, effrayant comme risque de voir cette puissance publique ne rien comprendre à ce qui se passe et se joue ici, ne rien comprendre, autrement dit, aux enjeux de ce que nous

---

[1]. Que les plus hauts dignitaires de l'État et des instruments de l'État et de l'esprit que sont les bibliothèques nationales ou publiques se préoccupent de l'initiative industrielle de Google dans le domaine de l'esprit est évidemment une bonne chose : on ne peut que s'en réjouir. On attend cependant d'eux qu'ils prennent la mesure du caractère précisément spirituel du problème, et du fait qu'il y a dans ces domaines à concevoir une politique de l'esprit telle qu'elle ne saurait se réduire à mimer la logique managériale et entrepreneuriale d'une PME devenue un géant de ce que Zbegniew Brezinski appelle le *soft power*.

appelons donc, dans *Ars Industrialis*, les technologies de l'esprit.

La question qui se poserait alors, si l'on parle d'extériorisation originaire, serait celle d'une expropriation originaire, d'un défaut d'origine autrement dit, et, bien sûr, des conditions de sa ré-appropriation. Or, celle-ci, qui se présente alors comme une « intériorisation », n'est cependant accomplie que comme ré-extériorisation, ce qui signifie aussi bien que *lire, c'est toujours déjà écrire* : de même que la langue est un milieu associé dans la mesure où *tout* destinataire y est par structure un destinateur, le livre, et plus généralement la lettre, mais tout aussi bien, la lettre numérisée, c'est-à-dire trans-formée en nouveau type d'*hypomnématon*, c'est ce qui constitue un milieu associé dans cette stricte mesure où le lecteur devient un « écrivant » – comme le comprit Jules Ferry, qui en fit la base de la République française et la colonne vertébrale de ce qui se constitua ainsi comme ces démocraties industrielles qui apparaissent cependant, aujourd'hui, et après la disparition de ces hommes d'État qui avaient une politique de cet esprit *sans lequel il n'est aucune puissance*, déchoir dans la baisse de la valeur esprit à quoi seulement cette disparition peut aboutir – et avec elle, à la disparition du capitalisme comme « esprit du capitalisme ».

Il n'y a pas eu d'investissements, ni publics ni industriels, pour ces secteurs que sont les nouveaux instruments spirituels. Le secteur éditorial a certes tenté de créer de nouveaux *produits* dans ce qui s'est alors appelé le multimédia, mais sans que la chaîne instrumentale de production des savoirs en ait été repensée dans son ensemble, ce qui a donné des modèles de *e-learning* ou de didacticiels très généralement décevants, quand ils ne se sont pas avérés gravement régressifs. C'est qu'il s'agissait de conquérir des marchés, et non de nouveaux territoires de l'esprit. Ces tentatives ont donc été de massifs échecs – tandis que l'encyclopédie coopérative et gratuite *Wikipedia* s'impose comme une extraordinaire réussite qui n'est évidemment pas sans ouvrir milles questions et soulever mille problèmes, mais qui démontre que la logique participative des milieux associés constitue une dynamique extrêmement nouvelle et puissante.

Or, il en va ainsi parce que les véritables marchés potentiels qui sont à l'origine de cette chaîne instrumentale sont considérés par l'industrie comme insolvables à court ou moyen terme – et à cet égard, ce ne sont pas encore des marchés. C'est pourquoi il faut en faire des externalités, y mutualiser les risques et les investissements, et mener pour cela une politique publique, qui ne peut l'être qu'au niveau européen – ainsi que semblait le souhaiter d'ailleurs Tony Blair. Malheureusement, les pouvoirs publics ont aujourd'hui massivement renoncé à faire du monde du savoir indépendant de la production une économie solvabilisée par la caution publique. Et il faut bien admettre qu'ils y ont sans doute souvent été encouragés par le désintérêt grandissant et problématique du monde du savoir pour les questions soulevées par ou dans le monde de la production.

Reste que dans le domaine de l'instrumentalité numérique, l'insolvabilité n'est pas seulement celle des deux milliards d'habitants encore privés d'électricité, mais bien celle de ceux dont les savoirs ne sont pas immédiatement utiles – et je ne parle pas seulement ici des sciences de l'homme et de la société, mais en général de l'équipement des laboratoires de recherche quant à leurs instruments intellectuels de base.

22. *Les instruments du savoir et les critères de sélection qu'ils produisent*

Comme nous l'avons vu[1], l'alphabet constitue un processus de grammatisation qui précède toute logique et toute grammaire, toute science du langage et toute science en général, qui est la *condition techno-logique* (au sens où elle est toujours déjà à la fois technique et logique[2]) de tous savoirs, et qui commence par son extériorisation.

La *troisième révolution industrielle* en quoi consistent la généralisation des technologies informationnelles et la redéfinition des savoirs en quoi elles consistent constitue une époque de ce processus de grammatisation comme passage de l'âge des sociétés mnémotechniques à celui des sociétés mnémotechnologiques – c'est-à-dire à un stade où l'extériorisation se fait vers des appareils auxquels il est possible de déléguer de nouvelles fonctions cognitives. Or, c'est aussi le passage d'une société où les clercs sont séparés de la production,

---

1. Cf. *supra*, p. 75 sq., et *La Révolution technologique de la grammatisation*, Mardaga, 1993.
2. Et il ne faut pas confondre ce que nous qualifions ici de techno-logique avec l'âge mnémotechnologique, qui suit l'âge mnémotechnique de l'écriture alphabétique et de l'imprimerie.

à une société où la production repose sur les savoirs et a absorbé les clercs [1] – ou les a éliminés en tant qu'ils formaient une sphère séparée de la production.

La mémoire devient alors, y compris comme information sur le présent immédiat (comme mémoire immédiate en quoi consiste le plus souvent l'information), l'objet d'investissements constituant de vastes industries de la mémoire et de l'imagination. Et comme toute activité industrielle, elle vise des économies d'échelles qui imposent de distinguer les consommateurs des producteurs de mémoire et d'imagination (c'est-à-dire d'anticipation).

La mémoire étant, comme activité de rétention, une activité de sélection, l'industrialisation de la mémoire consiste essentiellement en une définition de nouveaux critères de sélection pour organiser la mémoire et l'imagination (l'anticipation). C'est par exemple ce qui apparaît (en vérité très superficiellement : l'exemple est pauvre) dans les questions que Google pose à l'Europe.

Un instrument de savoir se caractérise par le fait qu'il produit par sa pratique ses propres critères de sélection précisément en tant que ses propres règles pratiques. Encore faut-il, pour qu'un tel instrument se constitue comme instrument de savoir, c'est-à-dire comme instrument spirituel, que de telles pratiques soient encouragées par les pouvoirs – publics ou privés, éducatifs ou confessionnels, artistiques ou scientifiques, etc. De tels « encouragements », à l'époque des technologies de l'esprit, ne sauraient se réduire à une « politique culturelle » : ils doivent être portés par une

---

1. J'ai analysé cette situation dans *Mécréance et discrédit* 1. *La décadence des démocraties industrielles*, Galilée, 2004, *Constituer l'Europe, op. cit.*, et *Mécréance et discrédit* 3, *op. cit.*

politique industrielle, et comme invention d'un nouveau type de milieu industriel : comme une question d'éco-logie aussi bien, s'il est vrai que le milieu de la vie, que ce soit celle de l'esprit ou celle de ses corps, est l'objet même de la science écologique.

Une question d'écologie de l'esprit se pose ici, et elle ne peut se poser que parce que l'esprit est originairement extériorisé, ce qui le rend appropriable et exploitable industriellement, dès lors qu'il existe des technologies de l'information et de la communication, cognitives et culturelles, qui permettent de contrôler ces *règles pratiques* pour les réduire à de simples *usages procéduraux*, comme il en va dans le secteur tertiaire. Dès lors, les technologies de l'information et de la communication, qui sont en cela des technologies R, c'est-à-dire des technologies de contrôle, soulèvent un paradoxe qui rend concevable et même probable une crise écologique majeure de l'esprit.

Des sociétés de savoir à venir seraient des sociétés où la pratique de l'information serait bien conçue, en l'occurrence, comme une nouvelle organisation du savoir qui ne serait pas une destruction du savoir par l'information, mais une *soumission de l'organisation de l'information aux impératifs du savoir. Et cela signifie que ce serait une politique de régulation des nouveaux milieux de l'esprit visant à favoriser systématiquement le développement de leurs tendances associatives contre leurs tendances dissociantes.*

23. *Être et devenir dans la « technoscience »*

Ce que l'on appelle la technoscience, qui est l'époque industrielle de la science, c'est-à-dire de l'esprit dans son ensemble, et depuis laquelle Mallarmé écrit sa *Crise de vers*, est une remise en cause permanente de l'être – c'est-à-dire aussi du savoir.

Elle est bien, en cela, une *époque* du *savoir*, en tant que celui-ci est une incessante trans-formation de lui-même, mais cette nouvelle époque, qui est celle de la techno-logie à proprement parler, est aussi un abandon du projet *ontologique* de ce savoir.

La crise du savoir dont les établissements d'enseignement sont le théâtre[1] tient à ce que le savoir ne cherche plus à dire l'être, mais à explorer le devenir, alors même que l'on continue d'enseigner que le savoir est ce qui formalise ce qui est. Et cette crise se conjugue avec l'apparition d'une nouvelle instrumentalité de l'intellect qui n'a pas été appropriée par les structures d'enseignement, précisément en ceci que cette nouvelle instrumentalité est un fruit direct du devenir technoscientifique de la science. Il y a dès lors accumulation de facteurs qui se potentialisent pour aboutir à une réalité présente qui consiste bien plus en une extension de l'ignorance qu'en un développement de sociétés de savoir – d'autant plus que dans cette crise du savoir, l'école, qui était la matrice par excellence de production de la société comme milieu

---

1. J'ai tenté une approche de cette question dans *La Technique et le Temps 3*, *op. cit.*, chap 4, « Le malaise de nos établissements d'enseignement » p. 199 sq., et dans la conférence prononcée au Collège international de philosophie dans le cadre du séminaire *Trouver de nouvelles armes*, cf. *supra*, p. 137, n. 2.

associé et sapide, devient le contraire : une institution de la dissociation qui tend à ne faire du savoir qu'une marchandise gratuitement distribuée par la puissance publique, mais frelatée, parce qu'ayant perdu sa puissance d'individuation.

La technoscience, comme exploration systématique des possibles, engendre une instabilité chronique, liée non seulement à l'utilisation de fonctions de connaissance transformées en traitements par calcul effectués à la vitesse de la lumière, mais du fait que l'exploration des possibles ne cesse d'engendrer des crises axiomatiques, aussi bien d'ailleurs qu'axiologiques (en particulier en biologie), telles que la *transmission des savoirs constitués* devient pratiquement impossible, les maîtres en charge d'éduquer et d'instruire retardant structurellement sur la réalité des savoirs que leurs élèves rencontrent chaque jour dans leur vie quotidienne comme foncièrement différents de ce qui leur est enseigné.

De plus, les établissements d'enseignement n'ont jusqu'à présent pas du tout été pensés à partir du fait originaire de l'extériorisation des savoirs. Condorcet, Guizot ou Ferry ne raisonnaient pas du tout ainsi, ne serait-ce que parce qu'ils ignoraient tout de ce que révéla l'archéologie au XXe siècle, et bien que l'école consiste en tout premier lieu dans l'apprentissage et l'intériorisation des techniques d'extériorisation que constituent, précisément, les éléments acquis à l'école élémentaire, les chiffres et les lettres [1] – l'école constituant ici le dispositif d'appropriation de l'hypomnèse alphabétique qui supporte l'anamnèse rationnelle.

---

1. Cf. *La Technique et le Temps 3, op. cit.*, chap. 4.

24. La crise de l'éducation

Cependant, l'organisation des savoirs et de leur transmission reposant sur l'occultation de cette extériorisation originaire, et constitutive de tout savoir rationnel, ainsi que je l'ai développé à propos de la déduction transcendantale des concepts de l'entendement dans ma lecture de la *Critique de la raison pure*[1] – Kant ignorant le rôle primordial de ce que j'ai nommé la quatrième synthèse de l'imagination transcendantale, ou synthèse prothétique –, les institutions de programmes d'enseignement que constituent les systèmes éducatifs dans les pays du monde contemporain sont tout à fait démunies face au développement des industries de programmes en quoi consistent les industries culturelles et les industries de l'information qui se sont emparées des nouveaux dispositifs d'extériorisation informationnels et communicationnels.

Ces faits se conjuguant avec l'entropie informationnelle qui affaiblit le savoir et avec le changement de sens de la science, une crise majeure des systèmes éducatifs en résulte nécessairement : *la crise écologique de l'esprit se traduit d'abord comme une crise de l'éducation.*

Mais il faut voir que ce sont aussi les institutions de production de ces savoirs, et non seulement de leur transmission, qu'elles soient privées ou publiques, qui sont elles-mêmes en crise. Car le paradoxe de l'informationnalisation des savoirs les frappe tout autant que les institutions de programmes d'enseignement sont frappées de caducité apparente.

---

1. *Ibid*, chap. 2.

Avec les technologies de l'information et de la communication qui sont en train de s'intégrer, une nouvelle chaîne instrumentale du savoir se constitue, qui vient s'ajouter à l'instrumentalité qu'avait rendue possible l'apparition de la mnémotechnique alphabétique (et ce qui s'était développée comme instruments de mesure et d'expérimentation dans son orbe), et qui est en pleine évolution. Or, il est possible et indispensable de soutenir et orienter le devenir de cette chaîne en prenant en compte les spécificités et les possibilités de l'instrumentalité numérique : l'actuelle crise des savoirs et de leurs modalités de transmission n'est pas sans issue. De plus, c'est tout le processus de socialisation, comme sublimation, qui est menacé en son cœur même. Une politique publique s'impose par conséquent, et c'est cette question qui aurait dû faire l'objet des débats du sommet de Tunis et après ce sommet – mais il n'en aura rien été, et la France, comme l'Europe, auront été plus silencieuses que jamais, laissées sans voix par la très libérale « stratégie de Lisbonne » dont on sait aujourd'hui qu'elle aura été un échec total.

25. *Conséquences pratiques*

En tant qu'elle constitue une chaîne de production et de diffusion des savoirs, l'instrumentalité spirituelle, qui est aussi l'instrumentalité du contrôle et de l'instrumentalisation des savoirs tout autant que des producteurs et des consommateurs, comme *technologies R*, comme technologies du *knowledge management*, comme technologies cognitives et culturelles, dans tous les « usages » des milieux dissociés, se décline à travers des *fonctions instrumentales* qui doivent à la fois être spécifiques, hiérarchisées et réversibles.

Je veux dire par là que :

1. Les fonctions instrumentales des savoirs ne peuvent pas être de simples sous-domaines d'application des instruments de la bureautique, de la gestion électronique de documents, des systèmes d'information et du *knowledge management* ; or, c'est aujourd'hui encore très largement le cas dans la mesure où les activités de savoir ne constituent pas pour les industries numériques des marchés solvables, et dans la mesure où les pouvoirs publics ne leur apportent aucune caution, faute d'être capables de proposer des politiques à long terme en ces domaines.

2. Les instruments de production des savoirs doivent être spécifiés en fonction des qualifications de leurs utilisateurs, et permettre le développement de pratiques instrumentales savantes, et non selon des modèles d'usages qui sont caducs y compris dans le monde de la consommation [1].

3. Les instruments de *diffusion* des savoirs doivent cependant mettre en œuvre les mêmes fonctionnalités primitives que les instruments de *production* des savoirs, selon des modalités simplifiées, mais respectant le principe de communautisation des savoirs ménmotechniques ou mnémotechnologiques, au sens où Husserl employait ce mot, et qui caractérise les communautés de savoir comme milieux associés : ne

---

[1]. J'ai développé des arguments sur ce point dans *Constituer l'Europe 1, op. cit.*, chap. 3.

peut être destinataire d'un énoncé de savoir que celui qui est *techno-logiquement* apte à en retracer la genèse à travers les extériorisations dont il procède (à travers les pratiques hypomnésiques dont il procède anamnésiquement).

Une industrie éditoriale des sociétés de savoir devrait être formée et mise au service des institutions prescriptrices de programmes sans soumettre les prescripteurs aux impératifs des diffuseurs et éditeurs ; mais cela suppose avant tout que les institutions prescriptrices disposent d'instruments nouveaux de production des savoirs, en sorte que ceux-ci définissent les normes d'appropriation (d'intériorisation, comme relation transductive entre le savoir machiniquement extériorisé et les pratiques instrumentales des utilisateurs de ces machines). Autrement dit, deux tâches doivent être conduites en priorité :

1. celle de développer une nouvelle instrumentalité des savoirs pour les institutions prescriptrices, c'est-à-dire les lieux de recherche et de formation supérieure ;

2. celle de développer une industrie éditoriale qui tire les conséquences du déploiement de cette instrumentalité des savoirs par la création de fonctions éditoriales nouvelles au service des institutions d'instruction, d'éducation et de formation.

Cela est possible dans la mesure où :

1. Les technologies numériques permettent de développer des instruments de travail intellectuel assisté par ordinateur véritablement adaptés aux tâches intellectuelles, par exemple l'analyse, la critique, l'argumentation, l'indexation et la synthèse des textes savants,

tâches pour lesquelles la technologie est aujourd'hui tout à fait mature pour révolutionner les instruments de travail et les organisations des savoirs comme divisions du travail intellectuel. Le fait est que lesdits instruments ne se développent pas, faute d'investissements appropriés, mais c'est là une affaire de lucidité et de volonté politiques et industrielles.

2. Les industries de programmes peuvent aujourd'hui fournir de nouveaux types de programmes audiovisuels tout à fait adaptés à de tels objectifs, par exemple des objets temporels discrétisables et délinéarisables, qui permettent la démassification des audiences et l'intégration des instruments de travail assisté par ordinateur – cf. sur ce point les travaux du studio de production hypermédia que j'ai créé à l'INA en 1997[1], ceux du studio de production hypermédia de l'Ircam dans le domaine de l'éducation musicale en collaboration avec l'inspection générale de l'Éducation nationale, et ceux en cours de l'Institut de recherche et d'innovation du Centre Pompidou.

3. La constitution d'une chaîne instrumentale des savoirs suppose que ce soit à la source même de la production des savoirs que de tels instruments soient pratiqués, et non seulement utilisés comme support de communication. Ils doivent être pratiqués comme supports de travail, de coopération et de pensée collective, et ils doivent être les instruments de *coopératives de savoirs* (ce que sont toujours d'une manière ou d'une

---

1. Cf. aussi « La numérisation des objets temporels audiovisuels », dans, *Cinéma et dernières technologies*, INA et Desclée de Brouwer, 1998.

autre les milieux associés) – que ce soit dans l'audiovisuel ou dans les technologies hypertextuelles. Celles-ci permettent en effet la constitution de sociétés d'auteurs et de lecteurs [1] qui vont directement à l'encontre des modèles économiques dominants des industries de l'information et de la communication, et qui sont de ce fait considérés pour le moment comme insolvables – alors même que le Web 2.0. est l'infrastructure qui anticipe un nouveau modèle industriel reposant sur de tels principes.

Ces questions, qui n'ont pas été examinées au cours du sommet de Tunis, devraient faire l'objet d'un nouveau sommet, mais celui-ci devrait être précédé d'un débat approfondi au niveau de l'Union européenne ; ce n'est qu'ainsi que pourra se construire un projet européen, qui ne peut être qu'un *esprit* européen : l'esprit de l'Europe à l'âge des technologies de l'esprit.

---

1. Sur ces concepts, cf. les documents mis en ligne sur le site d'*Ars Industrialis* en préparation de la séance consacrée aux technologies cognitives le 5 novembre 2005, http://www.arsindustrialis.org/activites/cr/5nov2005

Motion adoptée par *Ars Industrialis* à la veille du sommet de Tunis

LE VÉRITABLE ENJEU DU SOMMET DE TUNIS [1]

L'enjeu de la « société de l'information », et, à travers elle, des technologies d'information et de télécommunication, que l'on peut aussi qualifier de « cognitives » et de « culturelles », est le développement de ce que l'UNESCO avait appelé les « sociétés de savoir », que Tony Blair a appelé « économie de la connaissance », et que certains appellent le « capitalisme cognitif », la « société de l'intelligence », ou encore la « révolution de l'intelligence ».

Nous croyons ardemment que l'avenir du capitalisme, c'est à dire de la planète – puisque la planète est devenue intégralement capitaliste –, est suspendu à une augmentation de l'intelligence et de la connaissance. Nous croyons également que la question de la propriété intellectuelle devient du même coup un élément

---

1. Le sommet mondial sur les sociétés de l'information s'est tenu à Tunis du 16 au 18 novembre 2005. Cette motion a été partiellement publiée par le quotidien *Libération* le 14 novembre 2005.

capital du développement économique et que ce fait est hautement problématique, compte tenu de tout ce que cela peut comporter d'aliénation, d'expropriation, d'hégémonie, et de ce que par ailleurs, la question de la propriété, c'est aussi la question du propre, de l'appropriation et des conditions de cette appropriation.

La connaissance est ce qui, par structure, a toujours été défini comme ce qui, étant le propre de l'homme, comme genre humain aussi bien que comme individu, n'appartient à personne, et constitue le bien commun de l'humanité que chaque homme doit pouvoir s'approprier, tandis que nous savons également que la nécessité d'amortir des investissements peut conduire à limiter pour un certain temps la circulation des connaissances.

Si tout cela est vrai :

1. Nous posons que, quelles que soient les solutions trouvées à la nécessité de différer, dans *certains* cas, le caractère public de la connaissance, dans *tous* les cas, la connaissance, la « société du savoir » et la « révolution de l'intelligence », comme enjeu majeur de l'avenir, ne peuvent se constituer et se produire que dans une nouvelle forme de publicité, *dans un espace public au service d'une organisation sociale toujours plus et mieux armée pour discerner, critiquer, améliorer, créer, transmettre et recevoir les savoirs et les connaissances*, c'est-à-dire pour *améliorer la vie de l'esprit des populations du monde entier*.

2. Nous affirmons que le sommet de Tunis, qui a laissé passer l'occasion de lancer un débat mondial, est un rendez-vous manqué au moment même où il est

absolument indispensable que la communauté internationale que l'ONU a réunie à Tunis prenne conscience de la nécessité de privilégier l'intérêt général sur les intérêts particuliers en développant une politique mondiale de ce que nous considérons constituer désormais les technologies industrielles de l'esprit. Au vu des documents préparatoires, nous pensons que ce sommet de Tunis n'aura pas permis de poser la principale question, qui est celle des relations entre information, savoir, technologie, industrie et société comme enjeu d'une politique internationale de transformation du capitalisme actuel, et qui permette de le sortir de l'impasse dans laquelle il est devenu essentiellement un capitalisme de la consommation, qui ne produit plus qu'abrutissement, désublimation et, disons le mot, régressions mentale, morale, intellectuelle, spirituelle et esthétique dans tous les domaines de ce que Paul Valéry et Hannah Arendt appelaient la « vie de l'esprit ».

Face à une sorte de misère spirituelle qui frappe le monde industriel, et qui relève de ce que Max Weber nomma le « désenchantement du monde », l'homme sent qu'il a irréductiblement besoin d'esprit. Le danger serait cependant de situer l'esprit exclusivement du côté du religieux, et comme espoir d'un salut des âmes dans une vie après la mort.

Tout en reconnaissant dans le religieux, et de manière absolument nette et positive, une dimension essentielle de la vie de l'esprit, nous pensons que celle-ci ne se réduit pas du tout au monde religieux. Nous posons au contraire, comme nous semblent d'ailleurs l'enseigner les monothéismes, que la vie de l'esprit se joue d'abord dans le travail quotidien, dans les relations entre les individus, dans les instruments de communication, et, singulièrement, à travers ceux qui affectent les très grands espaces et temps publics que sont les audiences de la télévision et les usagers de la téléphonie mobile, qui devient multimédias, les usagers d'internet et du web, et ceux de toutes ces technologies culturelles et cognitives d'information et de communication qui se déploient aujourd'hui avec la numérisation généralisée, et qui constituent le principal moteur de l'économie actuelle.

Faute d'investir à nouveaux frais dans la « valeur esprit », et à travers toutes ces technologies qui sont des fruits de l'esprit, nous verrons proliférer des spiritualismes toujours plus régressifs et radicaux. Mais nous verrons aussi régresser le dynamisme économique.

C'est pourquoi nous voulons élever une voix différente à l'occasion de ce sommet de Tunis, et rassembler d'autres voix, d'autres que la nôtre – autres que françaises, et autres qu'européennes : nous lançons ici un appel international. Nous voulons mobiliser l'intelligence collective mondiale, pour autant que c'est possible, autour d'un projet : élaborer un autre sommet, et sur d'autres bases – dans l'esprit du sommet de Porto Alegre, mais aussi sur d'autres bases que ce sommet.

S'il ne s'agit pas de faire un forum social européen de l'intelligence, et si nous ne pensons pas avoir le monopole de l'intelligence dans notre position, si nous pensons que, parmi les personnes qui ont organisé ce sommet à Tunis, il y a beaucoup d'intelligences qui travaillent sur des questions très techniques et que, pour certains d'entre nous, nous observons très attentivement, nous pensons aussi et surtout que les problèmes ne doivent pas être *pris* dans ce sens là, et qu'il est temps de les appréhender au niveau qu'ils requièrent, en tant qu'ils posent la question d'une politique industrielle des technologies de l'esprit – l'esprit étant ici entendu aussi bien comme ce « temps de cerveau disponible » qui intéresse tant les chaînes de télévision que comme ce qui fait les œuvres de l'esprit, sous leurs innombrables formes, mais également au sens où Paul Valéry pouvait écrire que

> un monde transformé par l'esprit n'offre plus à l'esprit les mêmes perspectives et les mêmes directions que jadis ; il lui impose des problèmes entièrement nouveaux, des énigmes innombrables[1].

Poser correctement ces problèmes et commencer à les résoudre, c'est d'abord élaborer et conduire une politique qui mette en œuvre, par l'intermédiaire d'une nouvelle forme de puissance publique, les grands outils d'échange symbolique que sont les technologies de communication et d'information en vue d'élaborer un nouveau modèle industriel prioritairement piloté par l'objectif d'élever l'intelligence collective et celle de chacun en particulier.

Or, cela n'est possible qu'à la condition :

1) de ne pas séparer d'un côté la société de l'information et des technologies cognitives, et de l'autre les industries culturelles et les technologies de l'audiovisuel et la télévision ;

---

1. Paul Valéry, *Regards sur le monde actuel*, Gallimard, Folio, 1988, p. 185.

2) de poser en principe que si la société de l'information doit être une société du savoir, la condition *sine qua non* en est, en particulier, que la télévision devienne un instrument de savoir, et non plus l'instrument d'avilissement et de populisme industriel qu'il est désormais devenu dans la plupart des cas ;

3) d'appuyer un tel principe sur le fait que les technologies numériques permettent d'imaginer une tout autre forme de télévision que celle qui fut conçue sur le modèle des stations de radiodiffusion dans les années 1930, et qui se socialisa massivement après le deuxième conflit mondial.

Depuis des années sont menées des réflexions approfondies sur ces questions qui sont systématiquement ignorées ou marginalisées, et qui n'ont pas été le moins du monde prises en compte dans les débats qui préparent le sommet de Tunis. Nous considérons que ces débats doivent être aujourd'hui soutenus par la puissance publique en vue de lancer un grand programme d'action au plan européen. Nous croyons également que c'est sur une telle base que l'Europe pourra se construire : en mettant en œuvre un projet original et d'avenir dans le domaine industriel, et devenu stratégique, des industries de la connaissance et de la culture.

La nature de l'enjeu, qui ne désigne pas autre chose qu'une mutation de la vie industrielle comme nouvel âge de la vie de l'esprit, est la mise en œuvre d'un grand programme de recherche industrielle avec des fonds publics importants dont on ne cherche pas à garantir des retours sur investissement à court terme, comme c'est actuellement le cas, en particulier dans les programmes de recherche pilotés par la Commission européenne.

Il faut développer une recherche fondamentale dans ces domaines comme il en existe en médecine, en physique et ailleurs. Il faut que la puissance européenne donne les moyens de socialiser les résultats de cette recherche par une intervention publique forte, étroitement articulée avec les acteurs économiques, comme la FCC a régulièrement su le faire aux États-Unis.

Nous ne parlons pas ici de créer un nouveau service public de l'audiovisuel, même si celui-ci doit manifestement se voir confier de nouvelles missions. Nous voulons dire qu'une volonté publique doit être forgée, associant les industriels, les institutions publiques, les artistes, les médias, le monde éditorial, les sociétés d'auteurs, les associations, les collectivités territoriales et les ONG. Car la politique suppose une volonté, et la volonté politique démocratique est le fruit d'un travail de la société tout entière.

Il faut mettre en œuvre en ces domaines une politique publique, étayée sur des travaux fondamentaux qu'il est urgent d'engager, et qui assure, pendant tout le temps qui sera nécessaire, la création de solvabilités issues d'un nouveau modèle industriel reposant sur le constat qu'après la matière, l'esprit est devenu la première ressource industrielle, en même temps que la seule chance pour que la planète sache faire face aux énormes défis qui l'attendent dans le siècle qui commence. Mais cela suppose la constitution de nouveaux champs d'externalités.

Il est évident que les habitudes comportementales de tout un chacun vont bientôt devoir changer en profondeur, et qu'un tel changement supposera une formation et une acuité accrues des intelligences et des esprits individuels et collectifs. La question est ainsi posée d'un nouvel esprit du capitalisme, et d'un nouvel âge industriel, d'une *renaissance* industrielle qui soit capable de constituer une nouvelle organisation sociale reposant sur une mise en œuvre des technologies cognitives et culturelles au service d'une élévation du niveau de la vie sociale, c'est-à-dire spirituelle. Le niveau de la vie sociale ne se mesure pas à la quantité de protéines consommées – qui, lorsqu'elles sont en excès, conduisent immanquablement à des accidents physiologiques, mais aussi, comme comportements d'hyperconsommation, à des processus de dépression et de démotivation, et finalement, à la congestion de la société industrielle.

L'élévation du niveau de vie est d'abord celle de la vie de son esprit.

Jacques Chirac, président de la République, a chargé Jean-Louis Beffa, président-directeur général de Saint-Gobain, de rédiger un rapport définissant les orientations d'une grande politique industrielle impulsée par les pouvoirs publics. Nous ne pouvons que nous en féliciter : nous ne croyons pas qu'une civilisation industrielle digne de ce nom puisse se développer sans que des anticipations publiques ou privées soient faites sur le long terme. Et il est totalement faux de dire qu'aux États Unis ou en Asie, le marché joue seul pour mettre en place ce genre de dispositif. Tout au contraire, une politique très résolue de l'État fédéral américain a été menée dans les dernières décennies, par exemple pour la socialisation d'internet, qui a été une opération majeure de politique internationale, à la fois économique, diplomatique et scientifique, d'une audace et d'une efficacité remarquables, et qui a porté ses fruits, mais après avoir été mûrement réfléchie par l'administration américaine. C'était un geste d'État associant intelligemment à l'initiative publique le monde industriel, mais aussi le monde universitaire et le monde militaire.

Or, ce que propose le rapport de M. Beffa est muet sur le plan des principales technologies qui tirent aujourd'hui le développement industriel mondial, et qui sont les technologies de l'esprit. Aujourd'hui encore, aussi bien aux États-Unis qu'en Asie, il y a des politiques d'État audacieuses. Quant à l'Europe, il est temps d'y développer une politique industrielle alternative en vue d'un développement des technologies de l'esprit dans le sens d'une élévation de l'intelligence individuelle et collective, et non en vue d'une intensification absurde des comportements de consommation qui conduit de toute évidence à une catastrophe. Or, nous ne croyons malheureusement pas que la stratégie de Lisbonne prônée par M. Barroso aille en quoi que ce soit dans une telle direction – ni, encore moins, les récentes déclarations de Mme Redding, qui recommande en matière d'audiovisuel une nouvelle augmentation des annonces publicitaires, c'est-à-dire une nouvelle baisse de la valeur esprit, y compris en privant les journaux de la presse écrite de ces recettes publicitaires qui ne sont évidemment pas sans limites.

Le temps est venu pour le gouvernement français de porter dans ces domaines un discours nouveau et courageux. La question n'est pas ici celle de l'exception ou de la diversité culturelle, qui ne sont que des effets induits : c'est celle d'une politique industrielle aussi bien que d'un encadrement des industries culturelles en fonction d'objectifs publics orientés vers l'élévation du niveau de la vie sociale, et contre les tendances au nivellement, c'est-à-dire à l'entropie. On ne peut pas à la fois dénoncer la « sous-culture américaine », comme crut bon de le faire le président de la République française au Vietnam, et ne rien dire contre la terrifiante dégradation des programmes de télévision en France. La réalité de la société de l'information et du savoir, c'est d'abord celle d'une société où les individus de toutes conditions passent toujours plus de temps devant les écrans de leurs appareils – récepteurs de télévision, ordinateurs et objets nomades communicants aujourd'hui, micro- et nanotechnologies demain.

Il est temps que la France, à travers les ministères de l'Enseignement supérieur et de la Recherche, de l'Industrie, de la Culture et de la Communication, porte un discours nouveau dans ce domaine. Les objets en jeu sont extrêmement concrets – ainsi de la question des moteurs de recherche, qui a été soulevée par Jean-Noël Jeanneney, mais qui mériterait de sérieux approfondissements ; ainsi de l'évolution de la télévision, au moment où la circulation des images sur les réseaux à haut débit va franchir un seuil quantitatif aussi bien que qualitatif ; ainsi des conséquences du développement des réseaux wi-fi, etc.

L'État et l'Union européenne, associés avec les industriels conscients de la nécessité de mener une politique à moyen et à long terme dans ce domaine, comme Jean-Louis Beffa l'a réaffirmé pour d'autres secteurs, doivent mettre en œuvre un projet qui redonnera de plus un espoir aux Européens quant à leur culture.

Car tel est aussi l'enjeu ; celui d'une Europe en laquelle les populations européennes, et, en premier lieu, celles des pays qui l'ont construite après la Deuxième Guerre mondiale, puissent croire à nouveau.

Les Européens ne peuvent que croire à ce qui fait la singularité de la civilisation européenne depuis la Grèce ancienne : la constitution d'un *espace public de la connaissance constituant une raison*, c'est-à-dire une *motivation* sociale qui passe par ce que l'on a appelé la raison, et comme *motif universel* de l'esprit entendu comme *critique*, c'est-à-dire discernement.

Aujourd'hui, cet espace public n'est plus seulement celui de l'écriture. Il est aussi, précisément, celui des industries cognitives et culturelles, mettant en œuvre des technologies du raisonnement, de l'information, de la mémoire, de l'imagination et de la création, et qui devront devenir les technologies d'un nouvel esprit du capitalisme – tandis que pour l'immédiat, la caducité du modèle industriel hérité du XXe siècle nous laisse face à un capitalisme qui a perdu l'esprit, et qui ne suscite plus que méfiance, inquiétude et démotivation – c'est-à-dire irrationalité, s'il est vrai que la raison est d'abord un motif.

Georges COLLINS, Marc CRÉPON,
Catherine PERRET, Bernard STIEGLER
et Caroline STIEGLER,

fondateurs d'*Ars Industrialis*.

Table

Introduction : Que faire ?.. 9

Manifeste de l'association Ars Industrialis 27

Chapitre premier
REFONDER LA SOCIÉTÉ

1. *L'époque industrielle comme capitalisme de services*, 37. – 2. *Le consommateur déchargé de son existence*, 40. – 3. *Les sociétés hyperindutrielles de services comme destruction des processus d'individuation par le contrôle des processus d'adoption*, 42. – 4. *Réenchanter le monde face au destin malheureux de la consommation*, 48. – 5. *Les technologies R et les nouveaux appareils de l'esprit*, 55. – 6. *Sortir du capitalisme pulsionnel et lutter contre son devenir-barbare*, 59. – 7. *Le sursaut : entreprendre autrement*, 68. – 8. *Grammatisation et individuation hier, aujourd'hui et demain*, 74. – 9. *Faire la révolution du capitalisme*, 83. – 10. *A european way of life*, 85. – 11. *Le plan qui m'enchante*, 96.

Chapitre 2
CONTRE LE RÈGNE DE L'IGNORANCE
INVESTIR DANS L'AUGMENTATION DE LA VALEUR ESPRIT

12. *De l'informatisation de la société à la société de l'information,* 101. – 13. *De la « société de l'information » aux « sociétés de savoirs – ou de la possibilité d'un réenchantement du monde,* 109. – 14. *Entreprises, puissance publique et populisme industriel,* 112. – 15. *Changer de paradigme industriel,* 118. – 16. *Société de l'information, désenchantement, démotivation et contrôle des savoirs,* 121. – 17. *La réinstrumentation des savoirs, avenir de la société hyperindustrielle,* 124. – 18. *Savoir et information,* 132. – 19. *Savoir et mémoire, ou règne de l'ignorance ?,* 136. – 20. *Le risque de la désindividuation comme croissance de l'ignorance plutôt que du savoir,* 139. – 21. *Saturation cognitive et* knowledge management, 142. – 22. *Les instruments du savoir et les critères de sélection qu'ils produisent,* 151. – 23. *Être et devenir dans la technoscience,* 154. – 24. *La crise de l'éducation,* 156. – 25. *Conséquences pratiques,* 157.

Motion adoptée par d'Ars Industrialis à la veille du sommet de Tunis, 163.

-- ✂ --

Ars Industrialis
3, rue de Venise
75004 Paris

Bulletin d'adhésion à l'association *Ars Industrialis*

Je soussigné(e),
Nom :
Prénoms :
Date de naissance :
Profession :
Domicile :

Numéro de téléphone :
Mail :

sollicite mon admission comme membre actif de l'association *Ars Industrialis*. Je déclare avoir pris connaissance des statuts de l'association et des mentions légales figurant sur le site : www.arsindustrialis.org et m'engage à les respecter. Ci-joint un chèque de 16 € (seize euros) à l'ordre de l'association *Ars Industrialis*, représentant la cotisation pour l'année en cours.

Fait à :
Le :

Signature (précédée de la mention : lu et approuvé) :

-- ✂ --

Composition et mise en page

N° d'édition : L.01EHQN000220.N001
Dépôt légal : mars 2009
Imprimé en Espagne par Novoprint (Barcelone)